라임튜브와 함께하는 우리아이 유튜브 스타 만들기

라임파패(길기홍)
지음

▶ ◀)) ▬▬▬ 3:58 / 11:24 ▬▬▬▬▬▬▬▬▬ ⚙ ☐ ⛶

HB 한빛미디어
Hanbit Media, Inc.

지은이 **라임파파**(길기홍)

라임맘과 연애하던 시절 함께 출사를 다니던 경험과 10여 년 동안 어린이들이 좋아하는 애니메이션을 제작한 노하우를 기반으로
〈라임튜브〉 채널을 성장시켰습니다.

대한민국 대표 키즈 채널 〈라임튜브〉는 라임이의 다양한 세상 경험을 바탕으로 한 영상을 만들어 전 세계 어린이들로부터 사랑받
고 있습니다. 유튜브 키즈 채널에 먼저 도전한 경험을 살려 유튜브 영상을 찍고 싶어 하는 아이를 둔 부모님들에게 〈라임튜브〉만
의 노하우를 공유하고자 합니다.

-

2014년 7월부터 유튜브 채널 〈라임튜브〉 영상 제작 및 출연
2019년 DIA TV 행복의 씨앗 뮤직비디오 출연
2019년 12월부터 유튜브 채널 〈매직킹〉 영상 제작 및 출연

-

2015년 11월 미래 농업 농촌 가치 상상 공모전 장려상 수상
2016년 10월, 2017년 12월 키즈 크리에이터 선발 대회 멘토 참여
2019년 8월 교육 크리에이터 선발 대회 수상자 멘토링

-

2017년 12월부터 현재까지 다수의 키즈 크리에이터 강연 및 특강

우리 가족의 즐거운 유튜브 라이프를 위한 부모 필독서

라임튜브와 함께하는 우리 아이 유튜브 스타 만들기

초판 1쇄 발행 2020년 1월 6일

지은이 길기홍 / **펴낸이** 김태헌
펴낸곳 한빛미디어(주) / **주소** 서울시 서대문구 연희로2길 62 한빛미디어(주) IT출판부
전화 02-325-5544 / **팩스** 02-336-7124
등록 1999년 6월 24일 제25100-2017-000058호 / **ISBN** 979-11-6224-252-0 13000

총괄 전정아 / **책임편집** 배윤미 / **기획편집** 장용희 / **교정교열** 박정수
디자인 이아란 / **전산편집** 김희정
영업 김형진, 김진불, 조유미 / **마케팅** 송경석, 조수현, 홍혜은, 이행은 / **제작** 박성우, 김정우

이 책에 대한 의견이나 오탈자 및 잘못된 내용에 대한 수정 정보는 한빛미디어(주)의 홈페이지나 아래 이메일로 알려주십시오.
잘못된 책은 구입하신 서점에서 교환해 드립니다. 책값은 뒤표지에 표시되어 있습니다.
한빛미디어 홈페이지 www.hanbit.co.kr / 이메일 ask@hanbit.co.kr

지금 하지 않으면 할 수 없는 일이 있습니다.
책으로 펴내고 싶은 아이디어나 원고를 이메일(writer@hanbit.co.kr)로 보내주세요.
한빛미디어(주)는 여러분의 소중한 경험과 지식을 기다리고 있습니다.

안녕하세요.
크리에이터 라임파파입니다!

안녕하세요. 264만 구독자를 보유한 대한민국 보통 가족, '라임튜브 패밀리'입니다. 이 책은 라임 가족이 유튜브를 시작한 5년여의 시간을 통해 얻은 노하우와 시행착오를 가감 없이 공유하고자 집필하게 되었습니다. 아이와 함께하는 유튜브 라이프에서 '아이가 중심'이 되는 이야기를 가득 담고자 노력했습니다. 2019년 2월 21일에 집필을 시작했는데요. '6개월이면 끝나겠지.' 하며 시작한 것이 벌써 1년이란 시간이 흘렀네요.

책을 쓰는 막바지에 아홉 살 라임이가 두발자전거에 도전했습니다. 자꾸 넘어져서 속상한지 자전거를 내팽개치고 눈물을 훔칩니다.

　"라임이가 할 수 있다고 생각하면 할 수 있어. 하지만 할 수 없다고 생각하면 할 수 없단다. 너는 어떻게 생각하니?"

　"타고 싶어!"

구슬땀을 흘리며 반나절 꼬박 연습하더니 결국 비틀비틀 타는 데 성공했습니다.

　"와~ 아빠! 내가 두발자전거를 타고 있어! 야~호~"

저는 라임이가 외치던 모습을 잊을 수 없습니다. 이 모든 것은 제 아버지가 제게 그랬던 것처럼, 제가 라임이에게 할 수 있는 산 교육입니다. 감사하게도 저희 부부는 라임이가 자라는 동안 많은 순간을 함께했습니다. 라임이의 상상을 영상과 노래, 뮤직비디오, 뮤지컬로 만들었습니다. 축복 같은 시간이었지요. 5년여의 시간을 들여다보는 동안 많은 인연이 주마등처럼 스쳐 지나갔습니다. 라임이를 사랑해주는 팬, 같은 길을 걸어온 크리에이터 가족, 동고동락하는 라임캐스트 임직원, 많은 도움을 주신 CJ ENM DIA TV 매니저&관계자, 그리고 사랑하는 우리 가족.

이전에는 해보지 못했던 경험이지만 다양한 분의 도움으로 기적 같은 일을 이루어왔습니다. 그리고 또 한 번의 기적, 이 책을 출간합니다. 이 자리를 빌려 라임 가족을 사랑해주신 많은 팬에게 감사의 인사를 전합니다. 라임 가족처럼 여러분도 할 수 있습니다! 저는 당신이 할 수 있다고 믿습니다.

늘 옆에서 챙겨주는 사랑하는 아내 전연숙과 사랑하는 딸 길라임에게 이 책을 바칩니다.

라임파파 길기홍

키즈 크리에이터, 제대로 알아보아요

키즈 크리에이터 1세대인 라임이의 성장 이야기와 알쏭달쏭한 키즈 크리에이터 세상을 알아봅니다. 키즈 크리에이터의 개념은 물론 〈라임튜브〉 채널을 만들게 된 과정, 라임이와 라임파파의 좌충우돌 유튜브 라이프를 쉽고 재미있게 소개합니다.

라임파파의 생생한 노하우를 가득 담았어요

키즈 콘텐츠를 만들겠다고 마음먹은 부모님들을 위해 라임파파의 생생한 노하우를 전합니다. 〈라임튜브〉 채널을 운영하며 경험한 모든 것을 담았습니다. 키즈 콘텐츠의 아이템과 콘셉트 잡는 방법, 영상 촬영과 편집 기법 등 꼭 알아두어야 할 노하우들로 가득합니다.

Lime Tube는 이렇게 했어요

〈라임튜브〉는 어떻게 촬영하고 어떤
장비를 사용할까요? 스토리보드(콘
티)는 어떻게 짜야 할까요? 구독자
들의 눈을 사로잡는 영상 편집은 어
떻게 하는 걸까요? 라임파파가 사용
하는 장비부터 촬영 방법과 영상 편
집 과정까지 꼼꼼하게 소개합니다.

Lime Tube로 놀러 오세요~ ♬

안녕하세요! 라임튜브입니다.
〈라임튜브〉는 라임 가족이 구독자를 대신
해 다양한 체험을 하고, 그 체험을 통해서
도전하는 자세와 용기, 그리고 세상이 흥
미롭고 아름답다는 걸 구독자들에게 보여
주는 영상을 만듭니다. 즐거운 시간 되세
요 ~♡

★업로드 시간★
화, 목 저녁 5시, 토 아침 8시
본방2 재방1로 방영합니다.

라임파파의 한마디 ▼

이 책은 대한민국에서 키즈 크리에이터란 무엇이며 어떻게 키즈 콘텐츠를 만들고 구독자와 소통하는지 알려주는 가이드북입니다. 라임파파가 〈라임튜브〉를 운영하며 겪은 5년의 시간이 고스란히 들어있습니다. 키즈 크리에이터라는 개념이 생기기도 전에 라임이네 가족이 경험한 유튜브 라이프의 발자취입니다. 이 책한 권을 읽는 것으로 구독자 몇 백만 명의 인기 키즈 채널이 되지는 않습니다. 읽기 전, 다음 내용을 꼭 기억해두세요.

하나. '무작정 따라 하면 되는' 식의 지름길을 알려주지 않습니다.

정답은 없습니다. 몇 년 전만해도 크리에이터, 유튜버라는 직업이 없었지요. 지금은 크리에이터가 되는 법부터 높은 수익을 얻는 법까지 배우고자 하는 시대가 되었습니다. 그러나 라임파파는 지름길을 알려주지 않습니다. 라임파파도 지름길을 모릅니다. 다만 라임파파가 겪은 시행착오를 통해 부모님들이 조금이나마 수월하게 콘텐츠를 만들 수 있게 도와드립니다.

둘. 특정 업체나 장비, 프로그램을 추천하지 않습니다.

키즈 콘텐츠를 만들기 위해 비용을 들여가며 촬영 장비를 사고 스튜디오를 빌리는 방법을 소개하지 않습니다. 영상 편집 프로그램도 접하기 쉬운 것을 선택하세요. 라임파파는 라임파파에게 어울리는 것이 있고 여러분에게는 여러분에게 어울리고 맞는 것이 있습니다. 다만 선택지를 줄여드릴 수는 있습니다. 라임파파이야기는 참고만 하고 가벼운 마음으로 시작하세요.

셋. 아이와 함께 즐거운 유튜브 라이프가 되길 바랍니다.

내 아이를 키즈 크리에이터로 키우고 싶은 부모님들의 속마음은 똑같을 겁니다. '내 아이가 하고 싶은 것을 지원해주고 싶다!' 아이가 유명해지거나 돈을 많이 버는 것은 중요한 문제가 아닙니다. 아이가 즐겁고 행복해야 유튜브 라이프도 즐겁습니다. 무엇보다 아이가 먼저입니다.

추천사

최근 수많은 부모와 아이가 유튜브 스타를 꿈꾸며 유튜브 시장에 진출하고 있습니다. 부모의 입장이 아닌, 아이의 입장에서 콘텐츠를 제작할 수 있는 방법은 무엇일까요? 이 책은 부모와 아이가 함께 만드는 유튜브 콘텐츠의 올바른 제작 방향을 제시합니다. 부모님은 아이의 입장에서 올바른 방향을 익힐 수 있을 것이고 부모와 아이가 즐겁게 성장할 수 있는 방법도 확인할 수 있습니다. 이 책을 강력 추천합니다!

크리에이터 허팝

대한민국 대표 키즈 채널 〈라임튜브〉를 키운 라임 가족의 솔직한 시행착오와 알찬 유튜브 운영 노하우가 촘촘하게 담긴 책입니다. 어린 자녀와 함께 유튜브 채널을 운영하고 싶은 가족에게 강력 추천하며, 키즈/패밀리 채널이 아니더라도 유튜브 채널을 시작하는 분이라면 곁에 두고 꼭 한 번 읽어볼 만한 책입니다.

크리에이터 마이린 TV

1인 미디어 시대, 누구나 시작하고 싶어하는 유튜브를 처음 만나기에 알맞은 책입니다.

크리에이터 대도서관

264만 명의 구독자를 가진 〈라임튜브〉가 5년간 성장해올 수 있었던 모든 노하우가 담겨 있습니다. 키즈 크리에이터를 꿈꾸는 사람에게 필수 교과서입니다.

크리에이터 윰댕

3년 전 CJ ENM 주최 키즈 크리에이터 선발 대회에서 대상을 받고 라임파파에게 멘토링을 받은 것은 큰 행운이었습니다. 멘토인 라임파파가 들려준 라임 가족의 즐거운 유튜브 라이프를 프리티에스더 가족이 동일하게 경험하고 있는 것이 신기하기만 합니다. 전 세계 어린이의 친구 〈라임튜브〉를 만들어낸 라임파파의 수많은 노하우와 시행착오, 그리고 〈프리티에스더〉 채널의 성장을 도운 멘토의 가르침이 이 책에 고스란히 담겨 있습니다.

크리에이터 프리티에스더

대한민국을 넘어선 글로벌 대표 키즈 크리에이터 〈라임튜브〉의 노하우와 이야기가 담겼습니다. 패밀리 크리에이터를 꿈꾸는 부모님과 아이에게 올바른 길을 보여주는 지침서가 되리라 생각합니다. 이 책을 통해 크리에이터 생태계가 더 밝아지길 기원해봅니다.

CJ ENM 다이아사업부 김도한 상무

2015년 초여름, 이제 막 유튜브를 시작했던 라임 가족을 만난 기억이 지금도 생생합니다. 〈라임튜브〉는 '유튜브 채널의 성장 과정 속에 담긴 가족, 그리고 주변 사람의 성장' 이야기입니다. 유튜브 크리에이터가 장래희망이 된 시대, 이 책은 아이와 새로운 추억을 만들고 싶은 부모님에게 훌륭한 길잡이가 될 수 있을 것입니다.

CJ ENM 안정기 님

목차

목차

목차

PART

01

키즈 크리에이터!
<라임튜브>,
길라임을 소개합니다!

스마트폰이 익숙한 아이들은 손안의 작은 세상, 유튜브에 열광합니다. 안 보여줘야지 하면서도 유튜브가 지닌 매력에 엄마 아빠도 들여다보게 되지요. 그래서일까요? '크리에이터'가 초등학생 장래 희망 순위에 당당히 이름을 올렸다는 뉴스가 어색하지 않습니다. 어느 순간부터 초등학생뿐 아니라 미취학 아동들까지도 유튜브 플랫폼을 기반으로 한 콘텐츠에 익숙해졌습니다. 그리고 이제는 유튜브 콘텐츠를 소비하는 것을 넘어 본인이 유튜브 세상의 주인공이 되고자 합니다.

PART 01에서는 〈라임튜브〉를 통해 키즈 크리에이터로 활동하게 된 라임이의 성장 이야기와 알쏭달쏭한 키즈 크리에이터 세상을 알아봅니다.

키즈 크리에이터란 무엇인가요?

막연히 '유튜브 영상 콘텐츠에 주인공으로 등장하는 아이'로만 알고 있는 키즈 크리에이터(Kids Creator)에 대해 쉽게 소개합니다. 수십 억을 벌었다는 키즈 크리에이터 소식에 대중의 관심이 쏟아졌습니다. 크리에이터는 익숙하지만 키즈 크리에이터는 무엇일까요?

#라임튜브 #유튜버 #키즈 크리에이터 #혹시 우리 아이도? #키즈 크리에이터에 대해 알아보자

먼저 크리에이터를 알아보자!

요즘 거리를 다니다보면 카메라나 핸드폰을 한 손에 들고 촬영하는 듯한 사람들을 종종 볼 수 있습니다. 거리뿐만이 아니지요. 카페나 음식점, 놀이공원 등 어디서나 카메라를 보며 이야기하고 촬영하는 사람들을 심심찮게 볼 수 있습니다.

"뭐하는 거지? 셀카 찍는 것도 아니고 창피하지 않나?"

"오! 사람들 많은 데서 영상을 찍다니, 용기가 대단한데!"

눈치채셨나요? 바로 이 사람들이 '크리에이터(Creator)' 혹은 '유튜버(YouTuber)'입니다. 자신이 하고 싶은 이야기를 영상으로 제작하여 유튜브(Youtube)에 올리고 대중과 소통하는 사람들이죠.

〈라임튜브〉 촬영 현장

개인이 혼자서 콘텐츠를 기획하고 촬영, 제작, 편집하여 대중에게 보여주는 서비스를 1인 미디어라고 합니다. 1인 미디어는 인터넷을 통해 누구나 개인 방송국을 운영한다는 의미로 이해할 수 있는데요. 부모님들이 싸이월드 미니홈피를 운영하던 때를 떠올려보세요. 자랑하고 싶은 사진과 글, 혹은 다양한 일상을 미니홈피에 올려 일촌들과 울고 웃으며 공유했던 것처럼, 이제는 유튜브 같은 영상 플랫폼에서 자신만의 채널을 만들어 영상 콘텐츠를 올리고 공유하는 시대가 됐습니다. 누구든 마음만 먹으면 크리에이터가 될 수 있는 시대죠. 그렇다면 '키즈 크리에이터'는 무엇일까요?

TIP 1인 미디어를 운영할 수 있는 플랫폼은 다양합니다. 가장 유명한 플랫폼은 유튜브예요. 그 외에도 트위치, 네이버TV, 아프리카TV 등 여러 플랫폼이 있어 누구나 쉽게 자신만의 채널을 만들어 방송을 시작할 수 있습니다.

그럼 키즈 크리에이터는 뭘까?

Kids+Creator라고 생각하면 정확한 의미를 이해할 수 있습니다. 쉽게 이야기하면 유튜브 키즈 분야에서 크리에이터 활동을 하는 미성년자, 어린이를 대상으로 키즈 콘텐츠를 만드는 사람, 그리고 이러한 키즈 콘텐츠에 등장하는 인물을 통틀어 키즈 크리에이터라고 합니다. 〈라임튜브〉의 라임이도 키즈 크리에이터이고, 〈캐리와장난감친구들〉의 캐리, 엘리, 캐빈(꼬마 캐리, 꼬마 캐빈)도 키즈 크리에이터입니다.

1세대 키즈 크리에이터로는 〈라임튜브〉의 라임이를 비롯해 〈마이린 TV〉의 마이린, 〈어썸하은〉의 하은이, 〈캐리와장난감친구들〉의 캐리, 엘리, 캐빈 등이 있습니다(참고로 캐리, 캐빈 캐릭터의 크리에이터는 교체되었습니다.). 셀 수 없을 정도로 많은 친구들이 크리에이터로 왕성하게 활동하고 있답니다.

라임이　　　　　마이린　　　　　하은이　　　　　캐리

TIP 현재 활발하게 운영되는 키즈 채널과 키즈 크리에이터의 정확한 수를 알 수는 없습니다. 유튜브 본사에서 알리지 않는 정보이기에 대략 500개 이상의 채널이 운영되고 있다고만 짐작할 뿐입니다. 그러나 키즈 채널이 아주 가파르게 성장하고 있다는 점은 확실합니다.

유튜브에서 키즈 분야가 점점 확대되고 눈에 띄는 키즈 크리에이터의 성장이 도드라지자 여러 곳에서 키즈 크리에이터를 발굴, 육성하는 프로그램이 생기기도 합니다. 유튜브, 네이버(쥬니어네이버), 완구 업체, 방송국, CJ ENM 등에서는 매년 정기적으로 키즈 크리에이터 선발 대회를 열기도 하고요. 엔터테인먼트 기획사 등에서는 전문적으로 키즈 크리에이터를 육성하기도 합니다. 이런 흐름을 보면 키즈 채널과 키즈 크리에이터가 이미 인기 있고 주목받는 분야이지만, 앞으로 더욱 성장하는 분야가 될 것임을 충분히 짐작할 수 있습니다.

키즈 크리에이터 선발 대회

라임파파's TALK 라임 가족이 유튜브를 시작한 2014년 무렵만 해도 국내에는 크리에이터라는 단어가 없었습니다. 그 당시에는 유튜브에 등장하는 사람을 전부 '유튜버'라고 불렀답니다. 이처럼 키즈 크리에이터라는 단어가 생긴 지 얼마 되지 않았기 때문에 단순히 어린 친구들만 키즈 크리에이터라고 불러야 할지, 아니면 그 대상을 어디까지 확대해서 봐야 할지 기준이 명확하지 않았죠. 그러나 이제는 어느 채널이 키즈 콘텐츠를 만들고 있으며 누가 키즈 크리에이터인지 확실히 알 수 있습니다.

그런데 요즘 들어 키즈 크리에이터를 보는 시선이 달갑지만은 않습니다. 한편에서는 유튜브 콘텐츠를 통한 영상 교육이 아이의 성장과 학습에 도움이 된다고 이야기합니다. 하지만 다른 한편에서는 자극적인 영상이 아이에게 나쁜 영향을 끼친다고 주장합니다. 더 나아가 아이를 영상에 출연시켜 돈벌이 수단으로 이용한다거나 아동을 학대한다는 부정적인 시선도 많죠. 그러나 이 점만은 확실합니다. 유튜브는 이제 아이들의 일상과 떼놓고 생각할 수 없으며, 모든 부모님은 자녀가 올바르게 자라나길 바란다는 점입니다.

그렇다면 우리는 유튜브와 키즈 크리에이터를 어떻게 받아들이고 이해해야 할까요? 키즈 채널의 주인공은 우리가 보호해야 할 아이들입니다. 부모이기에 아이를 볼모로 한 부정적인 행동은 없을 것입니다. 라임파파 역시 라임이의 아빠로서 라임이를 비롯한 모든 키즈 크리에이터와 키즈 콘텐츠를 시청하는 모든 아이들이 유튜브 라이프를 통해 올바르고 건강하게 자라길 바랍니다. 라임이는 〈라임튜브〉를 통해 매우 밝고 건강하게 자랐습니다. 또 그렇게 커가는 중입니다. 이제 그 이야기를 시작해보겠습니다.

라임이네 가족 이야기를 들어보세요.

QUESTION 02

라임파파는 어떻게 유튜브를 시작하게 되었나요?

〈라임튜브〉와 라임이는 처음부터 유명한 키즈 채널이나 키즈 크리에이터가 아니었습니다. 국내에 유튜브 키즈 분야가 활성화되지 않은 시기에 시작하여 여기까지 오게 된 것입니다. 이번에는 제가 어떻게 유튜브를 시작하게 되었는지 이야기해보겠습니다.

#라임파파가 #유튜브를 시작한 이유 #우당탕 #유튜브 도전기

평범했던 라임이네 가족

모든 일이 한순간에 이루어질 수 없듯이, 〈라임튜브〉의 시작과 현재도 그렇습니다. 그래서 라임이네 가족 이야기를 조금 해볼까 합니다. 라임이는 2011년에 태어났는데요. 모든 부모가 그렇듯 라임파파는 라임이가 태어날 때 너무 기쁜 나머지 그렇게 좋아하던 담배도 단번에 끊었답니다. 그 정도로 라임파파는 라임이를 무척 사랑하고 소중하게 대했어요. 라임이가 태어나서 네 살이 될 때까지 저희 가족은 아빠와 엄마, 딸, 이렇게 셋으로 이루어진 특별할 것 없는 평범한 가족이었어요.

장난꾸러기 라임이와 라임파파

라임파파는 어린이들이 사랑하는 애니메이션을 10여 년 동안 만들어온 애니메이션 슈퍼바이저(감독)였습니다. 뽀통령이라 불리는 〈뽀로로〉와 〈꼬마버스 타요〉를 만들기도 했답니다. 라임파파는 직업 특성상 야근이 무척 많았는데요. 게다가 출퇴근 시간이 편도로 1시간 반이나 되어 주중에는 밤 11시가 넘어 귀가하는 게 기본이었고 새벽 1시가 다 되어 퇴근하는 일도 다반사였지요. 그래서 라임맘은 라임이가 네 살이 될 때까지 지옥과 같은 '독박육아'를 해야 했답니다. 지금 돌이켜보면 정말 미안한 마음이 한가득입니다.

라임파파는 라임이와 자주 영상 통화를 했답니다.

그 와중에도 라임이는 가족에게 웃음을 주었는데요. 라임이는 꾸벅꾸벅 졸면서도 늦은 시간까지 잠들지 않고 라임파파를 기다리곤 했답니다. 라임파파는 그 모습이 사랑스러워서 꼭 30분에서 1시간 정도 라임이와 놀았지요. 주로 비행기 놀이, 말 타기 놀이 등을 하며 몸으로 놀았는데요. 라임이가 꺄르르 웃으며 넘어가는 모습에 피곤함은 금세 사라졌습니다. 라임맘은 항상 라임이의 일상을 사진이나 짧은 영상으로 담아 회사에 있는 라임파파에게 보내주곤 했는데요. 그 사진과 영상이 업무에 찌든 라임파파에게 크나큰 활력이 되었답니다. 영상 속에 있는 라임이도 아주 즐거워했고요. 그렇게 라임이네 가족은 소소하고 행복한 나날을 보내고 있었어요.

그러던 어느 날, 라임맘이 급성신부전증을 앓게 되었습니다. 라임파파는 눈앞이 캄캄했습니다. 평범하게 살던 가족의 삶이 한순간 깨지게 된 것이죠. 라임파파는 돈을 많이 벌어서 가족과 행복하게 살려고 앞만 보고 달려왔는데, 돌아보니 저 혼자만 달리고 있다는 생각이 들더라고요. 가족을 외면한 것만 같았습니다. 그래서 라임파파는 회사를 그만두고 가족과 함께 할 수 있는 일을 백방으로 알아보기 시작했습니다. 그때 눈에 들어온 것이 '유튜브'였습니다.

〈슈퍼라임〉 라임맘이 아팠던 시절에 유튜브를 시작한 배경 이야기를 토대로 만든 뮤직비디오

유튜브가 눈에 보이다!

집에서 병간호와 육아를 하며 할 수 있는 일!
재택근무가 가능한 일! 수입을 만들 수 있는 일!

바로 유튜브였습니다. 그렇게 라임파파는 손만 나오는 채널인 〈Rhyme's Toy Show〉를 시작합니다. 회사에서 익힌 애니메이션 제작 기법을 바탕으로 유튜브 영상을 만들었죠. 그렇게 시작한 채널이 점점 정확한 콘셉트를 찾아가면서 〈라임튜브〉의 밑거름이 되었습니다.

라임이네 가족은 한국에 키즈 크리에이터란 단어조차 없던 시절(2014년) 맨땅에 헤딩하듯 유튜브를 시작했고, 현재 264만 명의 구독자와 그 가족들의 사랑을 받고 있습니다. 〈Rhyme's Toy Show〉 채널을 통해 라임파파는 유튜브의 운영 방식과 콘텐츠에 대해 많은 것을 생각하고 경험할 수 있었으며, 이를 통해 〈라임튜브〉를 성공적으로 이끌어갈 수 있게 되었습니다.

〈라임튜브〉의 전신 〈Rhyme's Toy Show〉

〈라임튜브〉의 제작과 편집은 라임파파와 라임맘의 몫!

요즘은 크리에이터가 '큰 노력을 들이지 않고도 큰돈을 버는 사람'으로 비춰지는데요. 실상은 그렇지 않습니다. 크리에이터는 그 말에서 알 수 있듯이 늘 새로운 것을 창작해내야 하는 어려운 직업입니다. 저 역시 매일 〈라임튜브〉에 올릴 콘텐츠 기획과 제작, 편집으로 고된 날을 보내고 있습니다. 단순히 재택근무를 할 수 있다는 이유만으로 유튜브를 시작한 것은 아니니, 지나친 오해는 하지 말아주세요.

홍콩 여행 중 가족이 잠든 사이 편집을 하는 라임파파

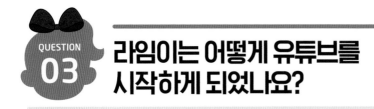

QUESTION
03

라임이는 어떻게 유튜브를 시작하게 되었나요?

라임파파가 만든 영상에 라임이가 처음부터 등장한 건 아니었습니다. 처음에는 라임파파의 손만 나오는 장난감 채널로 운영했어요. 하지만 라임이는 끼가 다분했지요. 이번에는 라임이가 어떻게 유튜브 영상에 등장하게 되었는지 알아보겠습니다.

#장난감 리뷰부터 #라임이의 끼를 알아본 날 #라임이의 첫 등장 #〈라임튜브〉의 탄생

끼가 많던 라임이

라임파파가 회사에 다닐 때는 가족과 함께 보내는 시간이 적었습니다. 그래서 라임이가 어떤 하루를 보내는지, 성격은 어떤지, 뭘 좋아하고 싫어하는지 잘 알지 못했습니다. 출근 전과 퇴근 후의 짧은 시간만 라임이와 보냈기 때문이죠. 아마 직장생활을 하는 대부분의 아빠들이 그럴 겁니다. 저 역시 '마음은 굴뚝 같지만 아이의 육아는 엄마에게 미루는' 철없고 부끄러운 아빠였습니다. 자주 놀아주고 싶었지만 맘처럼 쉽지 않았죠.

"아빠, 나 어린이집에서 음악회 하니까 꼭 와야 돼!"
"응 알았어. 아빠가 꽃다발 사 들고 꼭 갈게."

네 살 된 라임이가 어린이집 음악회를 준비할 때, 라임맘과 저는 라임이의 무대를 추억으로 남기고 싶었습니다. 그래서 〈꼬마버스 타요〉의 감독님께 캠코더를 빌려 라임이의 귀여운 모습을 영상으로 찍었답니다. 얼마 후 캠코더를 돌려주는 과정에서 감독님과 함께 라임이 무대 영상을 보게 되었어요. 그런데 마지막 합창 무대에서 놀라운 장면이 눈에 들어왔어요. 모든 아이가 단체 행동을 하는데 라임이가 갑자기 혼자 무대 앞으로 나와 춤을 추며 노래를 하는 겁니다. 스스럼없고 아주 자연스럽게요. 저는 그 모습을 보며 '라임이가 즐거운가보다.'라고 생각했는데, 감독님 생각은 달랐답니다.

"라임이 끼가 있네!"

혼자 무대 앞으로 뛰쳐나와 춤추는 라임이. 이것이 라임이의 첫 무대입니다!

그때만 해도 전혀 몰랐습니다. 라임파파는 "에이, 설마요." 하며 대수롭지 않게 넘겼지요. 라임이가 또래 아이들보다 조금 밝다고 생각하며 지냈던 터라 라임이에게 어떤 끼가 있는지 알아채지 못했습니다. 라임맘에게 이 이야기를 전했더니 아니나 다를까 라임맘의 반응도 비슷했답니다.

"진짜? 감독님이 그러셔? 애들은 원래 다 그렇다던데…."

끼 많은 라임이를 왜 알아보지 못했을까요?

라임파파가 운영하던 장난감 채널

앞서 말씀드렸듯이, 라임파파는 손만 나오는 장난감 채널 〈Rhyme's Toy Show〉를 운영하고 있었습니다. 스톱모션 장르를 콘셉트로 잡아 혼자 만들 수 있는 2분짜리 영상을 구상하여 알음알음 장난감을 구해서 촬영을 시작했답니다. 첫 콘텐츠는 아파트 쓰레기장에 재활용품으로 내놓은 장난감 박스를 가져다가 만들었는데요. 부끄럽긴 하지만 그 영상이 라임파파 유튜브의 시작이었습니다. 처음에 롤모델로 삼은 채널은 〈토이푸딩〉, 〈AAAjoken toys〉, 〈ToyFamily〉 등 당시 유행하던 장난감 채널입니다.

〈토이푸딩〉

〈AAAjoken toys〉

〈ToyFamily〉

2014년 7월, 라임파파는 퇴근해 집에 돌아와서 작은방에 들어가 혼자 그림을 그리거나 장난감을 가지고 노는 영상을 만들었습니다. 이 영상을 유튜브에 올려 채널 운영 방식을 테스트했습니다.

손만 나오는 장난감 개봉기(언박싱)

손만 나오는 그림 그리기

번듯한 촬영 장비도 없었습니다. 라임파파는 주로 캐논 5D DSLR 카메라와 아이폰으로 촬영을 했는데요. 직접 영상을 촬영해본 적은 없지만, 연애 시절 취미가 DSLR 출사였기 때문에 카메라에 대한 기본 지식은 가지고 있었습니다. 그러나 유튜브에 대한 전반적인 지식이 없는 터라 우선 찍고 보자는 생각으로 무턱대고 영상을 만들기 시작했습니다.

Tumblin Monkeys Game Toys Play 텀블린 몽키 보드게임 …
조회수 2.7만회 · 4년 전

Sylvanian Families Kitchen Cooking Set 실바니안 쿠킹 …
조회수 1.7만회 · 4년 전

옥토넛 옥토팟 장난감 놀이 Disney Octonauts Octopod …
조회수 4.8만회 · 4년 전

또봇 어드벤쳐Y 자동차 로봇 장난감 놀이 영실업[라임튜브]
조회수 4.8천회 · 4년 전

또봇엑스 자동차 로봇 장난감 놀이 TOBOT X 영실업[라임…
조회수 1.7만회 · 4년 전

또봇D 15기 자동차 로봇 변신 장난감 놀이 Tobot Adventur…
조회수 6.5천회 · 4년 전

또봇 트라이탄 쉴드온 자동차 로봇 변신 장난감 놀이 Tobot…
조회수 4.4만회 · 4년 전

또봇 13기 쿼트란 자동차 로봇 변신 장난감 놀이 Tobot…
조회수 3천회 · 4년 전

또봇 Tobot Y 자동차 로봇 변신 장난감 놀이 Tobot…
조회수 6.4천회 · 4년 전

또봇 어드벤쳐 엑스X 자동차 로봇 변신 장난감 놀이 Tobot…
조회수 6.6천회 · 4년 전

로보카폴리 주유소 장난감 놀이 폴리 타요 Robocar Poli…
조회수 2.6만회 · 4년 전

Robocar Poli Dispenser Toys Tayo 폴리 타요 자판기 장난…
조회수 3.7만회 · 4년 전

장난감 리뷰 영상 목록

🍭 **라임파파's TALK** 〈Rhyme's Toy Show〉는 장난감 리뷰가 콘셉트인 채널이었으므로 그 당시 인기 있는 장난감을 찾는 노력도 기울였습니다. 라임이 또래 아이를 키우는 친구에게 연락하여 인기 있는 장난감(또봇, 로보카 폴리 등)을 수소문하기도 하며 다양한 장난감을 촬영했습니다. 그렇게 찍은 영상의 조회수는 10~20뷰 정도였습니다. 장난감이 생길 때마다 두세 편씩 올리며 한 달이 지날 무렵, '이렇게 해서 돈을 벌 수 있을까?' 하는 의문이 생기기도 했습니다.

라임이가 등장하자 조회수가 2배 증가했어요!

그러던 어느 날, 〈로보카 폴리〉의 '엠버' 장난감으로 촬영을 할 때였습니다. 라임이가 혼자 심심했는지 라임파파와 놀자며 촬영용 장난감을 가지고 놀기 시작했지요.

"라임아, 아빠 영상 좀 찍고 나중에 같이 놀자."

"싫어! 라임이가 가지고 놀 거야!"

"아빠 일하는 거야."

"싫어 같이 놀 거야!"

라임파파는 촬영이 불가능하다고 판단하여 라임이와 조금 놀아주기로 했습니다. '엠버' 장난감으로 라임이 볼을 문지르고 간지럼을 피웠어요. 꺄르르 웃는 라임이를 보며 라임파파도 재미있게 놀았지요. 라임파파는 놀이가 끝난 후 핸드폰으로 찍은 놀이 영상을 보다가 혼자 보기 아까운 마음이 들었습니다. 그래서 별다른 생각 없이 이 영상을 유튜브에 올렸습니다. 그런데 웬일일까요? 신기하게도 라임이가 등장한 영상 조회수가 기존 대비 2배 이상 나오는 겁니다. 시청자들이 라임이 영상을 더욱 좋아한다는 의미였습니다.

라임이의 첫 등장 영상

이 일이 있은 후 라임맘과 상의하여 고심 끝에 라임이 영상을 일주일에 한두 개씩 올리기로 했습니다. 처음에는 라임이에게 추억을 만들어주고 싶었기에 라임이가 장난감을 가지고 노는 영상이나 놀이공원에 가서 재미있게 노는 영상 등을 무작위로, 아무런 콘셉트 없이 되는 대로 올렸습니다.

유튜브 키즈 데이 행사를 통해 한 단계 성장하다!

그러던 중 유튜브에서 키즈랩(키즈 데이) 행사를 진행한다는 소식을 들었습니다. 유튜브 키즈 데이 행사는 유튜브 코리아와 영실업이 함께한 행사인데요. 국내에는 키즈 크리에이터란 단어조차 없을 때 미국에서는 장난감 리뷰 채널이 굉장히 성공한 사례가 있었습니다. '에반'이라는 다섯 살 어린이가 등장하는 〈에반튜브〉라는 채널이었지요. 그래서 유튜브와 영실업에서 〈에반튜브〉를 모티브로 한 국내 키즈 크리에이터 육성 자리를 마련한 겁니다.

유튜브 스타를 육성하기 위한 키즈랩(키즈 데이) 행사 안내

라임파파는 그때 처음 유튜브에서 주최하는 교육을 받았는데요. 저희 가족에게 크리에이터 교육은 전혀 다른 세계였고 신기한 경험이었답니다. 시기 적절하게도 이 행사에서는 라임이가 영상을 만들어보는 기회가 주어졌어요. 촬영 내내 라임이는 굉장히 즐거워했고, 라임파파는 여기서 촬영한 영상을 편집해 유튜브 채널에 올렸습니다. 이 영상을 계기로 라임이는 영실업 서포터즈로 선발되어 정기적으로 장난감을 지원받게 되었습니다. 라임파파는 이제 장난감을 빌리거나 쓰레기장을 뒤지지 않고도 장남감 영상을 찍을 수 있게 된 것이지요. 라임이도 무척 좋아했고요.

유튜브 키즈랩(키즈 데이) 행사에서 장난감을 가지고 노는 라임이와 촬영 현장

이후 라임파파는 〈에반튜브〉를 모니터링하며 '5세 아이가 장난감 리뷰하기'를 포맷으로 한 〈라임튜브〉의 방향을 잡을 수 있었습니다. 바로 〈라임튜브〉의 탄생이죠.

라임이의 유튜브. 그리하여 채널명이 〈라임튜브〉가 되었습니다.

QUESTION 04

〈라임튜브〉는 처음부터 인기가 있었나요?

국내 최연소 실버 버튼을 획득한 라임이는 어떻게 키즈 크리에이터로 자리 잡게 되었을까요? 처음부터 큰 인기를 끌며 시작하는 채널은 없습니다. 〈라임튜브〉도 마찬가지입니다. 이번에는 〈라임튜브〉의 초기 콘텐츠와 인기를 얻게 된 콘텐츠를 통해 〈라임튜브〉의 성장 과정을 살펴보겠습니다.

#구독자 10만 이상의 채널에게 주는 #실버 버튼 #국내 최연소 수상자 #라임튜브 #성장기

라임이가 나온 영상의 첫 조회수는 10회

〈라임튜브〉가 처음부터 성공한 건 아닙니다. '엠버' 장난감과 함께 등장했던 라임이는 2014년 12월부터 본격적으로 장난감 리뷰를 시작했습니다. 마트에서 사온 장난감을 언박싱하는 콘셉트인데요. 지금 보면 참 별거 없습니다. 5년이 흐른 지금은 17,000회가 넘는 조회수를 기록하고 있지만 그 당시 하루 조회수는 10회에 그쳤습니다.

Sylvanian Families Kitchen Cooking Set 실바니안 쿠킹 세트 장난감 놀이 주방 요리 라임튜브

조회수 17,047회   👍 50 👎 19   ➤ 공유 ≡+ 저장 ...

라임이의 언박싱 리뷰 콘텐츠

처음에는 어떤 소재로 영상을 찍고 어떻게 촬영해야 할지 몰라 고민이 많았습니다. 하지만 '무식하면 용감하다'고 하지 않습니까? 저는 무조건 일주일에 두세 개씩 영상을 찍고 편집해서 꾸준히 올리기 시작했습니다. 라임이가 주인공이 된 두더지 장난감 놀이나 인기 있는 캐릭터 그리기 영상 등을 계속 업로드했습니다. 그렇게 하니 어느 날 구독자수는 백 명이 되었고 그 수는 점점 더 늘어났습니다.

 Lime Tube[라임튜브] 3년 전
와우! 구독자가 백명이 넘었습니다. ^^
WOW! Hundred subscribers exceeded. ^^

〈라임튜브〉의 초기 영상. 구독자가 백 명을 넘는 순간

TIP 언박싱(Unboxing)은 상자를 연다는 뜻이고, 언박싱 영상은 구매한 상품의 개봉 과정을 보여주는 콘텐츠를 말합니다. 처음에는 스마트폰이나 스마트패드 등 전자 기기가 담긴 상자를 열고 제품을 작동시켜 보면서 장점과 단점을 이야기하는 콘텐츠였지만 지금은 모든 새 상품의 박스를 개봉하는 과정을 다룬 콘텐츠로 그 범위가 확대되었습니다. 소비자들이 사용 후기를 검색해 찾아보는 경우가 많으므로 언박싱 콘텐츠는 꾸준히 인기 있는 소재랍니다.

라임이의 눈높이에 맞춘 영상이 정답이었다!

콘텐츠가 점점 쌓여갈 무렵 우연히 '터닝메카드' 장난감을 리뷰하게 되었습니다. 그 영상이 터닝 포인트가 되었습니다.

2015년부터 TV 애니메이션에 등장하며 유행한 〈터닝메카드〉는 라임이뿐 아니라 모든 아이들이 좋아하는 애니메이션이었지요. 어느 날 라임파파는 장난감 리뷰 영상을 찍기 위해 창신동 장난감 골목을 걷고 있었습니다. 그런데 이상하게도 꼬마 아이와 함께 온 부모님들이 전부 똑같이 '터닝메카드' 장난감을 구하는 게 아니겠습니까? 평소라면 스치듯 지나쳤을 텐데 그날따라 눈길이 가더군요.

'이거다!'

라임파파는 신상으로 나온 '터닝메카드' 장난감을 몇 개 사 와 리뷰 영상을 찍어 올렸습니다. 아니나 다를까 유튜브 조회수가 급증했습니다. 평소에는 조회수가 하루 50회 정도였는데 '터닝메카드' 장난감 리뷰 영상은 하루 100회가 넘는 조회수를 기록했습니다.

라임이의 '터닝메카드' 리뷰 콘텐츠

더욱 놀라운 건 구독자들의 반응이었습니다. 댓글과 메시지를 통해 다음 리뷰 장난감을 '에반', '타나토스'(〈터닝메카드〉 로봇 종류)로 선정해달라는 요청이 쇄도했습니다. 단순히 '좋아요'만 클릭하는 일방 소통이 아닌, 유튜브 채널과 구독자가 서로 대화하는 계기가 된 것이죠. 막연히 '라임이가 좋아하는 장난감'을 리뷰했을 뿐인데 구독자들이 마침내 반응을 보여주었습니다. 저는 이때를 놓치지 않았습니다.

'이제부터는 구독자들이 원하는 영상을 만들어야지!'

🍭 **라임파파's TALK** '터닝메카드' 신상 장난감을 구하는 것은 하늘의 별따기였습니다. 매일 아침 마트에 전화해서 '에반'이 나왔는지 확인하고, 가족들에게 연락해서 누구든 빨리 장난감 코너에 가라고 하여 1시간 넘게 줄을 서서 기다리게도 했습니다. 그만큼 '터닝메카드' 장난감은 전 국민적인 인기를 누렸습니다. 그리고 저는 그 인기 장난감을 리뷰하는 것이 구독자들이 원하는 것임을 거듭 절감했습니다.

그 당시에는 어린이가 직접 장난감 리뷰를 하는 채널이 없던 터라 어린 라임이의 눈높이에서 바라본 콘텐츠 영상은 큰 인기를 얻었습니다. 조회수와 더불어 구독자수도 급속도로 늘었습니다. 이 기세에 힘입어 라임이는 다섯 살에 국내 최연소로 유튜브 실버 버튼을 받았습니다.

실버 버튼을 받은 라임이와 라임파파

TIP 유튜브 실버 버튼은 구독자수가 10만 명을 돌파한 채널에 주는 인증 액자이자 상패입니다. 100만 명을 돌파하면 골드 버튼을 보내주지요. 크리에이터 중 극소수만 달성한 엄청난 기록의 성과를 되새기는 의미로 유튜브 본사에서 직접 보내줍니다.

〈라임튜브〉 콘텐츠는 어떻게 기획했나요?

키즈 채널에도 다양한 콘셉트가 있습니다. 〈라임튜브〉도 여러 번의 시행착오 끝에 라임이에게 딱 맞는 콘셉트를 찾았습니다. 라임이와 라임파파가 만드는 콘텐츠의 주인공은 라임이입니다. 그래서 늘 라임이가 즐겁게 놀수 있는 콘텐츠를 궁리한답니다. 이번에는 〈라임튜브〉가 만드는 콘텐츠에 대해 알아보겠습니다.

#먹방 #체험 #놀이 #라임이의 #성장 과정이 #〈라임튜브〉에 담겼다

마음처럼 쉽지 않은 촬영

처음부터 거창한 콘셉트를 설정해 〈라임튜브〉를 운영하진 않았습니다. 손만 나오는 장난감 리뷰 채널인 〈Rhyme's Toy Show〉를 운영하다가, 라임이가 등장한 후에 채널의 콘셉트를 바꾸게 된 것이죠. 그때부터 라임이가 나와 장난감을 리뷰하거나 장난감 놀이를 하는 영상 등으로 콘텐츠를 구성하기 시작했습니다. 그래서 채널 이름도 〈라임튜브〉로 바꿨고요.

사실 다섯 살짜리 라임이가 할 수 있는 건 별로 없었답니다. 초짜 유튜버였던 라임파파도 뭘 촬영해야 할지 알지 못했고요. 앞서 이야기했듯 채널 운영 초창기에는 장난감 리뷰를 주로 했는데요. 라임이에게 새로운 장난감을 전해주면 라임이는 장난감을 가지고 놀기에 바쁜 나머지 촬영은 항상 뒷전이었답니다. 라임파파는 꽤히 애가 탔습니다.

라임이가 촬영에 신경 쓰지 않고 놀기만 하면 라임파파는 애가 타지요.

"라임아, 카메라 보고 '안녕'이라고 얘기해줘~"

"라임아~ 뽀로로 좀 뛰게 해볼까?"

"라임아! 라임아? 라임아~~"

라임파파는 영상에 대해 이런저런 구상을 한 후 라임이에게 이야기해봤지만 라임이는 장난 감 놀이에 푹 빠져 아빠 말은 신경 쓰지 않았어요. 말 그대로 '멘붕'이었답니다. 사실 라임이 의 반응은 당연한 것인데 말이죠. 아이 앞에 달콤한 아이스크림을 놓아둔 채 "먹지 말고 기 다려!" 하는 것과 마찬가지일 테니까요.

라임파파's TALK 현재 키즈 채널을 운영하는 분들도 계실 테고, 앞으로 채널을 운영할 분들도 계실 겁니다. 아이와 촬영을 하다보면 난 감한 상황이 많은데요. 특히 제일 난감한 상황은 아이가 꿈쩍도 하지 않을 때입니다. 평소엔 카메라 앞에서 잘 웃고 이 야기도 잘하던 아이가 업로드용 영상을 찍으려고 하면 갑자기 꿀 먹은 벙어리처럼 입을 꾹 다물어 부모님들의 애간장을 태우는 상황 말입니다. 라임파파 역시 그러한 과정을 거쳤습니다. 지금 돌이켜보면 왜 그리 초조했는지 모르겠습니다. 나중에서야 깨달았지만 이 상황에서 가장 중요한 것은 '촬영보다 아이가 먼저'입니다. 조급한 나머지 아이에게 다그치듯 "빨리 촬영해야지! 이것만 찍으면 끝나 니까 얼른 웃어봐!"라고 하면 안 됩니다. 아이가 촬영을 즐길 수 있는 환경을 만들어주거나 조금 더 긴 시간을 들여 아이를 기다려주세 요. 아이가 즐거워야 재미있는 영상이 나오고, 재미있는 영상을 시청자에게 제공해야 채널 운영자와 시청자 모두 행복할 수 있습니다.

라임파파가 촬영 방향과 계획을 전달해도 장난감에만 푹 빠 져 있는 라임이

라임이가 즐겨야 좋은 영상이 나온다!

영상 촬영이 마음처럼 쉽지 않다는 것을 깨닫고 어려운 촬영을 이어가던 어느 날이었어요. 마트에서 〈세서미 스트리트(Sesame Street)〉에 나오는 '쿠키 몬스터' 인형을 보게 되었습니다. 손에 인형을 끼워 인형을 움직이게 하는 장난감이었어요. 장난기가 발동한 라임파파는 인형을 손에 끼고 라임이에게 말했습니다.

"안녕? 라임아!"

손 인형으로 라임이에게 인사를 했더니 라임이가 너무 좋아하지 않겠어요? 게다가 라임이는 인형과 이야기까지 나누는 거예요. '아! 이거다!' 싶었습니다. 라임파파는 바로 '쿠키 몬스터' 인형을 구입하고 〈라임튜브〉의 콘셉트 포맷을 '라임이와 파랑이의 장난감 놀이'로 잡았습니다.

'쿠키 몬스터' 인형과 재미있게 즐기는 라임이

〈라임튜브〉의 제작 인형 '파랑이'

그 후로 라임이와 파랑이가 콤비로 등장하는 장난감 리뷰 영상을 제작했습니다. 라임이와 파랑이의 장난감 놀이가 시작된 거죠. 라임이에게 파랑이는 생명 없는 인형이 아니었어요. 파랑이는 형제가 없는 라임이에게 친구이자 놀이 상대가 되어주었고 때로는 동생이 되어주기도 했답니다. 파랑이와 함께하는 영상을 만들면서 라임이는 매우 능동적으로 촬영에 참여했습니다. 촬영하는 시간을 손꼽아 기다리기도 했고요.

> **TIP** 〈라임튜브〉의 마스코트 '파랑이'는 '쿠키 몬스터' 인형 색이 파란색이라 붙은 이름입니다. 이미 짐작하셨겠지만 〈라임튜브〉에 등장하는 파랑이는 라임파파가 직접 연기했답니다.

라임이와 파랑이의 즐거운 영상 콘텐츠

파랑 : "라임아, 이건 뭐야? 어떻게 하는 거야? 라임이는 이거 할 수 있어?"
라임 : " 파랑아 잠깐만, 내가 가르쳐 줄게! 짜잔~ 나 잘하지?"

사실 라임이에게 촬영은 '가족과 함께하는 인형 놀이'였습니다. 라임이가 인형 놀이를 즐기게 되니, 영상에 보여지는 라임이는 아주 천진난만하고 행복해 보였습니다. 촬영을 하기 위해 재미있는 척, 즐거운 척, 좋은 척, 예쁜 척을 하는 게 아니라, 그 순간에 느끼는 감정을 그대로 표현하고 있었던 거죠. 어린아이들은 동식물뿐 아니라 모든 사물에 생명이 있다고 생각한다더군요. 라임이도 장난감이 살아 있다고 생각하고 이야기를 나누는 것이겠죠. 파랑이가 추울까봐 이불을 덮어주는 라임이의 동심을 깨고 싶지 않았습니다.

라임파파's TALK 라임이가 즐기는 모습이 〈라임튜브〉의 원동력이라 할 수 있습니다. 5년이 넘는 시간 동안 지치지 않고 유튜브를 통해 시청자와 소통할 수 있었던 것도 모두 라임이 덕분입니다. 사실 채널 운영 초반에 시행착오는 있었지만, 한 번의 경험 (손 인형 장난)으로 라임이가 촬영에 능동적으로 참여하게끔 유도할 수 있었던 것은 정말 큰 행운이었습니다.

〈라임튜브〉가 추구하는 콘텐츠는 뭘까?

키즈 채널을 운영하겠다고 마음먹었지만 '어떤 콘셉트로 콘텐츠를 구성해야 할지' 쉽게 떠오르지 않을 수 있습니다. 이미 결정한 콘셉트도 이게 맞는 방향일까 계속 의구심이 들기 마련이고요. 라임파파도 그랬습니다. 여러 번 시행착오를 겪으면서 마침내 〈라임튜브〉의 콘텐츠 방향을 정리할 수 있었습니다.

〈라임튜브〉는 라임이가 또래 친구들을 대신해서 다양한 체험을 하고
그 체험을 통해서 도전하는 자세와 용기, 그리고 세상은 흥미롭고 아름답다는 걸
또래 친구들에게 보여주려고 합니다.

라임이 나이에만 할 수 있는 경험이 있습니다. 라임이는 다양한 경험을 통해 성공과 실패를 배우고, 시청자들은 〈라임튜브〉를 통해 넓은 세상을 경험할 수 있다고 생각해요. 라임이는 용기 있는 도전으로 성공과 실패를 거듭하며 제 나이에 맞게 잘 자라고 있습니다. 〈라임튜브〉를 구독하는 시청자들도 라임이처럼 자신의 삶을 용기 있고 주도적으로 만들어가길 바라고요.

재래시장에 가 직접 귤을 사는 라임이

라임파파's TALK 아이들은 미디어에 등장하는 주인공을 자신과 동일시합니다. 그리고 본능적으로 자신보다 나이 많은 언니나 형, 혹은 엄마 아빠를 동경하죠. 그래서 콘텐츠를 만들 때는 항상 조심해야 하고 채널이 추구하는 콘텐츠를 더욱 신중히 구성해야 합니다. 구독자수와 조회수를 확보하기 위해 자칫 재미만 추구하다보면 자극적이고 선정적인 주제를 잡을 수 있거든요.

〈라임튜브〉의 콘텐츠를 막 만들어갈 무렵에는 물놀이, 물총 싸움, 마트에서 자동차 타기, 초간단 장난감 언박싱, 점토 만들기 등 장난감으로 할 수 있는 것들이 정말 많았습니다. 그래서 장난감을 중심으로 가족이 즐기는 콘텐츠도 다양하게 만들었습니다. 이런 영상은 아이의 호기심을 자극하고 인지 능력에도 도움이 되는 영상이라 생각했기 때문입니다. 내 아이가 즐거워야 남의 아이도 즐거울 수 있듯이, 내 아이에게 도움이 되는 영상이라야 다른 아이들에게도 도움이 되겠죠. 부모님에게는 아이가 체험할 정보를 주고요.

제주 코코몽 에코파크에서 양초 만들기 체험을 하는 라임이

앞으로 유튜브가 지향하는 방향도 이와 같습니다. 유튜브의 키즈 채널은 교육 분야를 중심으로 성장할 것입니다. 〈라임튜브〉도 건강한 주제의 영상을 만들어 라임이와 시청자가 함께 성장할 수 있도록 하겠습니다.

TIP 키즈 채널 콘셉트를 잡는 구체적인 가이드는 **PART 03**의 'QUESTION 01 영상 아이템과 콘셉트는 어떻게 잡아야 할까요?'를 참고하세요.

LIME
GALLERY

▲ 〈라임튜브〉가 골드 버튼을 받았어요.

▲ 다이아 페스티벌 피날레에서 라임이

▲ 속초 1박2일 여행에서 라임 가족

LIME
GALLERY

▲ 농림축산식품부 상상공모전에서 수상했습니다.

▲ 유튜브 키즈랩에 참석한 라임이

▲ 신문 인터뷰 후 라임이와 라임파파, 그리고 파랑이

▲ 졸업식에서 라임이

▲ 〈라임튜브〉를 이끌어가는 라임 가족

▲ 2019년 다이아 페스티벌에서 라임이와 라임파파

▲ 멋지게 걸린 〈라임튜브〉 라임이의 손도장

PART

02

유튜브에
내가 나왔으면
정말 좋겠네

"엄마! 나도 라임이처럼 유튜브 할래!"

스마트폰과 유튜브에 익숙한 아이는 유튜브 영상에 나오는 주인공을 곧잘 따라 합니다. 그러고는 말하죠. "나도 하고 싶어!" 그러면 부모는 어떻게 대답해야 할까요? 키즈 크리에이터로서 영상을 올리는 일은 성인 크리에이터와 달리 시작 단계부터 깊이 생각하고 신중하게 결정해야 할 일입니다. 아직 정서적으로 불완전한 아이가 불특정 다수에 노출될 수도 있는 상황이기에 올바른 지침이 필요합니다.

PART 02에서는 키즈 크리에이터를 꿈꾸는 아이를 둔 부모님, 자녀를 키즈 크리에이터로 키우고 싶은 부모님, 혹은 키즈 콘텐츠를 만들고 싶은 분들을 위해 생생한 조언을 전합니다.

QUESTION 01

우리 아이, 키즈 크리에이터가 될 수 있을까요?

<라임튜브>를 구독해주는 분들이나 주변 부모님들에게 자주 듣는 질문입니다. 또래보다 활발한 아이, 음악만 나오면 신나게 춤추는 아이, <겨울왕국>의 '엘사'처럼 노래하는 아이인데 키즈 크리에이터가 될 수 있느냐고요. 그렇다면 키즈 크리에이터가 되기 위한 필수 조건이 있을까요? 한번 알아봅시다.

#춤도 잘 추고 #노래도 잘하는 #우리 아이, #혹시 #제2의 라임이처럼? #키즈 크리에이터되기

우리 아이, 정말 끼가 있을까?

키즈 콘텐츠 영상을 만들려면 객관적인 시선으로 내 아이를 봐야 합니다. 정말 객관적인 시선으로요. 부모에게 자식은 참 특별한 존재라서 객관적인 시각을 유지하기가 쉽지 않습니다. 라임파파와 라임맘 역시 라임이가 무척 소중하고 특별했습니다. 지금도 마찬가지고요. 아이가 뒤집기를 할 때, 혼자 힘으로 아장아장 걸을 때, 처음으로 "엄마"라고 말하던 때를 생각해보세요. 내 아이가 가장 특별하고 소중하게 생각되지요. 그래서 부모들은 생각합니다.

'특별하고 소중한 내 아이가 원하는 걸 해주고 싶다!'

돌 무렵 라임이는 익살꾸러기였지요.

당연합니다. 라임파파와 라임맘도 같은 마음입니다. 하지만 그런 소중한 존재가 대중 앞에 섰을 때 상처받을 수 있다는 점도 미리 알아야 합니다. 남들이 다 하니까 우리 아이도 괜찮다고 생각하지 마세요. 진심으로 내 아이의 입장에서 생각해야 합니다. 남들 입장이 아닌 온전히 내 아이의 입장에서요. 내 아이가 유치원 학예회 무대를 어떻게 소화하는지, 평소 성격은 어떤지, 친구 관계는 어떤지, 무엇에 관심이 있는지 생각해보세요. 조금 감이 잡히나요?

라임이는 다른 사람 앞에 나서는 걸 좋아했습니다. 박수받는 것도 좋아했고요.

라임이는 또래 친구들보다 조금 더 활발한 편에 속했습니다. 카메라 앞에서 이런저런 포즈를 잘 잡기도 하고, 좋아하는 인형과 함께 하루 종일 노는 에너지를 보여주기도 했죠. 그래서 영상을 쉽게 촬영할 수 있었는지도 모릅니다.

다양한 색을 소개하는 라임이

🍭 **라임파파's TALK** 부끄럼이 많은 아이를 억지로 카메라 앞에 세우고, 하기 싫다는 아이를 어르고 달래서 영상을 찍는다면 무슨 소용이겠습니까? 차라리 부모가 먼저 도전해보는 것은 어떨까요? 부모가 먼저 유튜브 라이프를 즐기면 아이들도 자연스럽게 어울릴 수 있습니다. 키즈 크리에이터가 굳이 '아이'여야 할 필요는 없답니다.

부모 중에 '아이는 출연시켜도 나는 안 할 거야!'라는 분들도 있습니다. 반대로 생각해보세요. 부모도 하기 싫은데 아이가 하고 싶을까요? 엄마, 아빠가 먼저 체험해보고 괜찮은지 판단해도 늦지 않습니다. 떠올려보세요. 아이에게 처음 이유식을 먹일 때, 부모님들이 먼저 먹어보지 않았나요? 지금도 다르지 않을 겁니다. 아이에게 밥을 먹이기 전에 먼저 뜨거운지, 매운지, 짠지 확인해보잖아요. 유튜브 활동도 마찬가지입니다. 무작정 아이에게 "그래, 내가 찍어줄게! 거기 서봐." 하지 말고 부모님들이 먼저 도전해보세요. 유튜브 라이프는 그리 먼 곳에 있지 않답니다.

키즈 크리에이터가 되기 전에 한 번 더 생각하기

육아 측면에서 보자면 아이가 어릴수록 미디어와 멀리하는 것이 좋습니다. TV는 물론이고 화면이 작은 스마트폰은 더욱 멀리하는 게 좋지요. 〈라임튜브〉를 운영하는 라임파파가 해도 되는 소리냐고 하실 텐데요. 사실 라임이는 만 36개월까지 미디어를 거의 접하지 않고 자랐습니다. 그 시기까지 라임이는 엄마 아빠와 시간을 보내며 자아를 형성해갔습니다. 늦은 시각이라도 퇴근 후에는 꼭 놀아주는 라임파파와 온전한 사랑을 주는 라임맘 사이에서 라임이는 자존감 높은 아이로 자랐습니다. 라임파파는 라임이가 타인의 시선이나 외부 요인에 크게 휘둘리지 않는다는 것을 알고 영상 촬영을 시작했습니다. 처음부터 무턱대고 촬영했다면 라임이도 라임파파도 라임맘도 모두 큰 상처를 입었을 겁니다.

라임파파는 라임이에게 책을 자주 읽어줍니다.

다시 말해, 자존감 높은 아이가 키즈 크리에이터로 활동하기에 적합합니다. 당연히 끼는 있어야겠죠? 그리고 아이가 상처받지 않고 즐거운 크리에이터 생활을 할 수 있도록 부모가 전폭적으로 지원해야 합니다. 또한 키즈 크리에이터가 되고 싶다는 아이에게는 그에 따른 책임이 있다는 걸 알려줘야 합니다. 부모의 일방적인 선택으로 크리에이터가 된 아이는 행복하다고 할 수 없습니다.

라임파파's TALK 〈라임튜브〉의 주 구독자층은 3세부터 초등학교 저학년까지로 연령대가 낮습니다. 특히 5-6세 아이들이 주 구독자이지요. 아이들은 세상에 나온 후 모든 경험을 가족에게서 배웁니다. 엄마, 아빠, 언니, 형, 할머니, 할아버지를 보고 사회성을 배워갑니다. 요즘처럼 스마트폰이 보편화되고 내 손안에서 TV 채널을 이리저리 돌릴 수 있는 세상에서는 스마트폰이나 TV 속 주인공을 통해서도 사회성을 배웁니다. 따라서 키즈 크리에이터를 꿈꾼다면 본인을 통해 세상을 배우는 구독자를 위하는 마음도 있어야 합니다. 내 아이에게 즐거운 경험을 주는 것이 첫 번째라면 그와 동등하게 키즈 채널을 보는 아이들에게도 즐거운 경험을 공유한다고 생각해야 합니다.

키즈 크리에이터, 언제부터 시작하면 좋을까요?

키즈 크리에이터라고 하면 단순히 '아이'라고만 생각합니다. 그러나 중고등학생이나 성인도 키즈 크리에이터가 될 수 있습니다. 연령별로 키즈 채널의 콘셉트는 어떻게 다른지, 연령에 따라 키즈 크리에이터 활동을 어떻게 시작할 수 있는지 알아보겠습니다.

#키즈 크리에이터가 #굳이 #어릴 필요는 없어요 #연령에 맞게 #똑똑하게 #시작하기

다양한 연령의 키즈 크리에이터

키즈 크리에이터로 활동하는 시기는 천차만별입니다. 라임이는 네 살 때 유튜브에 처음 등장했는데 그 당시 최연소 크리에이터였습니다. 이후로 다양한 연령의 키즈 크리에이터가 등장했습니다. 〈뚜아뚜지 TV〉에 나오는 쌍둥이 자매도 네 살부터 크리에이터 활동을 시작했으며 더 어린 연령의 아이가 영상에 등장하는 채널도 있지요.

TIP 낮은 연령의 키즈 크리에이터는 키즈 콘텐츠를 주도적으로 만들어가기보다는 그 나이에 맞게 부모와 함께하는 영상 속에 등장합니다. 크리에이터의 나이가 어릴수록 부모와 함께하는 콘텐츠로 엮는 것이 좋습니다.

〈라임튜브〉

〈뚜아뚜지 TV〉

초등학생 때 키즈 크리에이터 활동을 시작한 친구들도 많은데요. 초등학생의 일상을 소개하는 〈프리티에스더〉의 에스더, 초등학교 3학년부터 시작해서 현재는 중학생이 된 〈마이린 TV〉의 마이린, 자매의 일상을 담는 〈간니닌니다이어리〉의 간니&닌니 자매, 수준급 댄스실력을 보여주는 〈어썸하은〉의 나하은 등 초등학생부터 중학생까지 다양한 연령의 키즈 크리에이터가 왕성하게 활동하고 있습니다.

〈프리티에스더〉

〈마이린 TV〉

〈간니닌니다이어리〉

〈어썸하은〉

성인도 키즈 콘텐츠를 만들어 활동하기도 합니다. 호기심 가득한 과학 실험을 하는 〈허팝〉, 재미있는 상황극을 하는 〈애니한TV〉, 곤충을 탐구하는 〈에그박사〉, 상황극과 동화 이야기를 전해주는 〈유라야놀자〉 등 어린이가 좋아하는 소재로 교육적인 이야기를 담아냅니다.

〈허팝〉

〈애니한TV〉

〈에그박사〉

〈유라야놀자〉

언제부터 시작하는 것이 좋을까?

그렇다면 언제부터 키즈 크리에이터 활동을 시작하는 것이 좋을까요? 결론부터 말하자면 '아이가 원할 때'부터가 되겠지만 명확한 답은 없습니다. 라임이는 어린 나이에 크리에이터 활동을 시작했지만 성인이 된 후에 시작한 분들도 많기 때문이죠. 그래도 굳이 나이로 그 기준을 세워보자면 초등학교 고학년이라 할 수 있는 '4학년'쯤이 적당하리라 생각합니다.

12세 정도면 아이의 자의식이 어느 정도 형성된 시기라 판단합니다. 그렇다고 12세 기준을 강력히 주장하는 것은 아닙니다. 크리에이터라는 직업에 대해 아이와 진솔하게 이야기를 나눠보세요. 아이가 대외 활동을 해도 괜찮을 정도의 외향적인 성격이라면 키즈 크리에이터에 도전해도 좋겠습니다. 참고로 유튜브 사용의 권장 나이는 만 14세입니다.

영유아기에 키즈 크리에이터 활동을 시작한다면 아이의 의지보다는 부모의 의지가 더 강하다고 볼 수 있습니다. 아이는 단순히 영상에 나오는 누구를 보고 따라서 행동하는 것인데, 부모는 그 모습을 보고 '우리 아이도 키즈 크리에이터를 시켜야겠다!'라고 생각한 것이죠. 일각에서는 어린아이들이 유튜브나 방송 활동을 하는 것을 우려의 시선으로 보기도 합니다. 아이를 돈벌이에 이용한다는 이야기를 듣거나 아이의 정서 발달에 나쁜 자극적인 환경에 노출시키는 상황을 보면 당연히 부정적으로 생각할 수밖에 없습니다. 과거 아역 배우들이 방송 활동으로 스트레스를 받아 암울한 유년기를 겪었던 사례를 떠올리기도 하고요. 이런 사례들 때문에 일찌감치 키즈 크리에이터 활동을 포기하는 분도 있고 선입견을 가지고 바라보는 시선도 있습니다.

라임파파's TALK 키즈 크리에이터 활동을 통해 큰 수익을 벌어들인 키즈 채널을 두고 이런저런 말들이 많습니다. 결론은 '아이와 함께 어떤 콘텐츠를 만들어가느냐'가 중요합니다. 수익은 부수적인 거예요. '이 콘셉트로 내 아이가 영상을 찍어도 좋은가?'를 생각해보면 답은 쉽게 나옵니다. 다시 되돌아가서 '우리 아이 나이에 키즈 크리에이터 활동을 시작해도 좋은가?'를 생각해보세요. 가장 좋은 방법은 부모 마음으로 한 번 생각하고 아이 입장에서 한 번 더 생각하는 겁니다.

아이들은 오로지 재미만 추구한다!

성인이 키즈 크리에이터로 활동한다면 이는 직업으로서 키즈 크리에이터를 선택한 것입니다. 아이를 좋아해서 혹은 직업 의식을 갖고 아이를 위한 콘텐츠를 만들기 위해 키즈 크리에이터를 선택할 수 있습니다. 간혹 인기를 얻거나 돈을 벌기 위한 수단으로 키즈 크리에이터를 선택하는 이들도 있지만 아이와 그 일을 좋아하지 않는다면 지속적으로 해나갈 수 없는 일이지요. 이것을 두고 옳고 그름을 판단할 수는 없습니다. 크리에이터도 하나의 직업이니까요. 직업으로서 접근하는 사람은 목적이 있기 때문에, 일이 어려워도 참으면서 해냅니다. 좋아하는 일이기 때문에 시간을 투자하는 거죠.

하지만 키즈 크리에이터가 되려는 아이는 돈을 벌기 위한 목적으로 촬영하는 게 아닙니다. 혹은 인기를 얻으려고, 누군가에게 교훈이나 영감을 주려고 크리에이터가 되고 싶어하는 게 아닙니다. 아이들은 유튜브에서 봤던 재밌는 영상이나 좋아하는 크리에이터에게 영감을 받아 자신이 즐거운 경험을 할 수 있을 것 같아서 크리에이터가 되고 싶어합니다. 이런 아이의 상태를 이해하면 키즈 크리에이터를 시작하는 시기도, 방법도 명확해집니다.

앞서 키즈 크리에이터를 꿈꾸는 아이와 진솔하게 이야기를 나눠보라고 했는데요. 아이가 영아나 유아라면 진솔한 이야기를 나누기가 어렵습니다. 이때에는 이렇게 물어보는 겁니다.

　"라임아, 즐겁니?"

　"아빠! 난 유튜브 찍으니까 정말 즐거워요!"

그럼 키즈 크리에이터 활동을 시작해도 좋습니다.

즐겁게 촬영하는 라임이와 라임파파. 라임이는 촬영한 후 확인까지 제대로 합니다.

> **TIP** 우리 아이에게 어울리는 키즈 채널 콘셉트를 잡는 구체적인 가이드는 **PART 03**의 '**QUESTION 01 영상 아이템과 콘셉트는 어떻게 잡아야 할까요?**'를 참고하세요.

키즈 크리에이터가 되면
정말 모두 유명해지나요?

요즘은 연예인보다 크리에이터가 더 유명하다고 합니다. 우리가 아는 크리에이터를 떠올려보면 손가락 열 개로도 모자라지요. 그런데 크리에이터가 되면 다 유명해지는 걸까요? 100% 그렇다고 확답은 못하지만 유튜브 영상을 통해 대중에게 얼굴을 공개하기 때문에 연예인 못지않은 유명세를 치른다는 것은 확실합니다. 이번에는 키즈 크리에이터를 준비하는 아이와 부모가 꼭 알아야 할 유명세에 대해 알아보겠습니다.

#키즈 크리에이터가 되면 #사인도 해야 하나요? #유명세 #제대로 알기

유명세를 치른다는 것

〈라임튜브〉는 현재 264만 명의 구독자를 가진 대형 채널로 분류됩니다. 특히 미취학 아동들이 라임이의 팬이죠. 아이들은 한 번 본 영상을 여러 번 반복해서 보는 경향이 있으므로 상대적으로 자주 보는 라임이가 더욱 친근하게 느껴질지도 모릅니다. 그래서 대형 마트나 놀이터, 식당에서 라임이를 알아보는 아이들이 많습니다.

　"어? 라임이다!"

　"라임아, 안녕?"

아이들은 라임이를 만나면 반갑게 인사를 건넵니다. 유튜브에서만 보던 라임이를 실제로 보면 놀라기도 하고 기뻐하기도 합니다. 〈라임튜브〉 노래를 부르며 친근감을 표시하기도 하죠. 생각해보면, 아이들 입장에서는 TV에 나오는 연예인을 눈앞에서 실제로 보는 기분일 겁니다. 그래서 기쁘고 놀란 감정이 앞서 라임이에게 달려와 인사를 하는 것이죠. 그러면 라임이도 아이들에게 "안녕?" 하며 반갑게 인사하고 함께 사진도 찍습니다. 라임파파와 라임맘에게는 항상 감사한 상황입니다. 수많은 유튜브 영상 중 〈라임튜브〉 콘텐츠를 시청하는 것, 라임이에게 먼저 인사를 건네는 것이 쉽지 않음을 알고 있기 때문입니다. 이러한 구독자 친구들이 있기에 〈라임튜브〉가 지금까지 사랑을 받는 것이지요. 그런데 가끔 어린 라임이가 피하고 싶은 순간들도 있답니다.

〈라임튜브〉는 구독자와 만나는 팬미팅을 자주 열어 감사함을 표현합니다.

유명해지더라도 아이가 우선입니다

"라임아, 사진 찍자!"

"나 지금 땀 범벅인데, 왜 내가 사진을 찍어줘야 해?"

"엄마, 저 동생이 왜 나한테 라임이래? 난 아홉 살인데? 왜 나한테 언니라고 안 하는
거야?"

라임이가 네 살 때부터 유튜브에 등장했으니 라임이보다 어린 친구들도 라임이의 옛날 영상을 보고 자기 또래로 생각합니다. 불쑥 다가와 인사를 건네기도 하고 팔을 잡거나 껴안는 경우도 더러 있지요. 이럴 때 라임이는 소위 말하는 '까칠한' 아이로 변합니다. 그러면 라임파파와 라임맘은 라임이의 생각과 기분을 100% 받아줍니다. 이럴 때 아이에게 상황을 설명해야 하는데, 무엇보다 아이의 마음을 최우선으로 고려해 부드럽게 설명해야 합니다.

"라임이 기분이 안 좋구나. 저 꼬마는 라임이가 여섯 살 때 영상을 봐서 친구라고 생각하나봐! 동생이 반말하는 게 싫으면 '난 아홉 살이니까 라임 언니라고 불러'라고 말해보는 건 어떨까?"

그리고 자기 의견을 참지 않고 이야기할 수 있도록 도와줍니다. 라임파파나 라임맘이 대신 말해줄 수도 있지만 그건 그 상황을 넘기기 위한 편리한 해결책일 뿐입니다. 라임이의 감정은 라임이가 직접 전달할 수 있도록 도와줘야 합니다. 이제 라임이는 당당하게 자신의 의견을 말합니다.

"오늘은 마트에 장 보러 나온 거예요. 사진은 안 찍고 싶어요."

유명해지면 자연스레 '유명세'를 치러야 합니다. 어쩔 수 없는 일이죠. 라임파파도 유튜브에 채널을 개설하고 라임이와 함께하는 소소한 영상을 업로드했는데, 몇몇 사람만 보는 게 아니고 많은 아이들이 라임이의 행동 하나하나를 따라 하기 때문에 '책임감'이 생겼습니다. 유명세는 책임감의 다른 표현이 아닌가 싶습니다.

> **라임파파's TALK** 아이가 유치원에서 초등학교로 진학할 즈음이면 정서적으로 불안해지는 시기에 놓이게 됩니다. 라임이도 외부 환경이 바뀌고 자아가 점점 커가는 시점에서 예민해졌습니다. 라임파파와 라임맘은 비공식적인 사진 촬영 요청에 대해서는 라임이에게 자유를 주었습니다. 찍고 싶지 않으면 찍지 않아도 된다고요. 다만 라임이에게 인사하는 친구들은 모두 라임이를 좋아하는 친구들이고, 〈라임튜브〉를 자주 봐서 라임이가 친한 옆집 언니나 누나로 느껴질 테니 기분 좋게 인사하면 좋겠다고 미리 말해두었지요.

유명해지기 위해 아이에게 강요하지 마세요

아이를 대상으로 유튜브 영상을 만드는 행위는 조심스럽게 접근해야 합니다. 아이는 어릴수록 분별력이 없어서 엄마 아빠가 "이렇게 말해줘." 혹은 "깜짝 놀라봐." 하면 로봇처럼 따라 합니다. 아이는 부모를 전적으로 믿고 따르기 때문에 무언가 요청하면 거의 그대로 행동합니다. 엄마 아빠가 시키는 대로 따라 해서 "우아! 잘했다!"라고 칭찬이라도 하면 아이는 신이 나서 촬영하곤 합니다. 그렇게 촬영하다보면 유튜브 영상에서 아이의 의지는 찾아볼 수 없게 됩니다. 조심해야 하는 상황이죠.

키즈 콘텐츠를 만드는 대부분의 부모님이 겪는 상황일 겁니다. 라임파파와 라임맘이 겪은 시행착오이기도 하고요. 영상을 업로드해야 한다는 생각에 사로잡혀 괜히 마음이 급해졌습니다. 그래서 지루해하는 라임이에게 "라임아, 재밌다고 말해줘."라며 거짓 웃음을 강요하고 있었습니다.

'이렇게 촬영하는 게 맞을까?'

아이는 돈이나 유명해지는 것에 관심이 없습니다. 아이는 그저 재미있어서 유튜브 영상을 찍는 겁니다. 모든 아이는 매 순간 재미만 추구합니다. 돈이나 유명세는 덩달아 오는 것이지요. 아이가 좋아하는 주제로, 아이가 주도하는 콘텐츠를 만들지 않는다면 그 시간은 아이에게 의미 없는 시간, 의미 없는 경험이 됩니다.

아이는 자신의 오감으로 경험하고 표현하고 즐겨야 합니다. 누가 시키는 대로 하는 것은 경험이 아니고 연기입니다. 키즈 크리에이터 활동이 좁게 보면 유튜브 영상을 찍는 행위일 수 있지만 크게 보면 아이가 자라나는 데 필요한 자존감 수업입니다. 누가 시키는 대로 좋은 척, 착한 척, 말 잘 듣는 척하면 아이는 어떻게 자라게 될까요? 아이는 영상을 찍으며 진정으로 행복하지 않을 겁니다. 이러한 일들이 지속된다면 아이의 감정 표현이나 자존감 등에 영향을 줄 수도 있으니 매우 신중해야 합니다.

라임이도 가끔 촬영이 싫을 때가 있죠.

키즈 크리에이터는 국내에서 볼 때는 이제 막 생겨난 분야이지만 해외에서는 이미 오래 전부터 있었습니다. 다섯 살 때부터 유튜브 영상으로 콘텐츠를 만든 〈에반튜브〉의 주인공 에반은 지금 열여섯 살의 중학생이 되어 다양한 방송 활동을 꾸준히 이어오고 있습니다. 물론 긍정적인 사례만 있는 것은 아니죠. 아이를 학대하는 자극적인 콘셉트로 활동하다가 유튜브에서 영구 정지당한 채널 사례도 있습니다.

이렇게 다양한 사례를 통해 장점과 단점을 미리 이해하고, 앞으로 단점을 개선하는 방향으로 나아간다면 즐거운 유튜브 라이프를 즐길 수 있을 겁니다.

키즈 크리에이터를 꿈꾸는 아이, 어떻게 시작해야 할까요?

아이는 유튜브에 나오고 싶어 합니다. 그러나 유튜브, 키즈 크리에이터, 채널 등에 대한 전문 지식이 있는 부모님은 거의 없습니다. 아이와 함께 편안한 마음으로 놀이하듯 촬영하며 유튜브 라이프를 시작하는 것이 좋습니다. 이번에는 아이를 위해 부모님이 먼저 알아두어야 할 것에 대해 설명하겠습니다.

#너도 모르고 #나도 모르는 #유튜브를 함께 배우며 #아이의 가능성 #열어주기 #전폭 지원

아이와 함께 경험하고 도전해보자!

초등학교 5학년 아이가 키즈 크리에이터가 되고 싶어 혼자서 준비한다는 이야기를 들었습니다. 어린 나이에 하고 싶은 것이 생겨 이것저것 준비하는 모습이 대견스럽기도 했지만, 모든 것을 스스로 챙기고 찾아보는 모습이 안쓰럽기도 했습니다.

어린아이가 혼자서 키즈 크리에이터를 준비한다면 할 수 없는 것들이 있습니다. 영상 편집이나 채널 관리 같은 기본적인 작업을 제외하면 촬영 아이템을 산다거나 촬영 장소를 찾아가는 일 등은 부모님(어른)이 나서야만 해결해줄 수 있는 것들입니다. 그래서 키즈 크리에이터가 되고 싶은 아이가 있다면, 반드시 부모님이 곁에서 지켜보며 아이와 함께 경험하고 도전해야 합니다.

함께 경험하고 도전하는 것이 거창하고 어려운 일이 아닙니다. 처음부터 유튜브의 알고리즘을 알고 영상 편집의 전문가로 태어난 사람은 없습니다. 아이와 함께 배우고 경험하면서 알아가는 것입니다. 우선 키즈 크리에이터가 무엇인지, 어떤 일을 하는지에 대해 관심을 가져야 합니다. 그리고 내 아이가 어떤 콘텐츠를 즐겨 보는지 관찰합니다. 이를 바탕으로 키즈 크리에이터를 꿈꾸는 아이의 미래를 긍정적으로 지원해주고 응원해주면 됩니다.

"엄마가 핸드폰으로 나 찍어줘~"

요즘 아이들은 영상 찍는 것을 두려워하지 않습니다. 정확히 말하면, 영상에 찍히는 것을 두려워하지 않습니다. 저와 같은 부모 세대는 카메라를 들이대면 화들짝 놀라기 마련인데, 아이들은 그렇지 않죠. 그래서인지 아이와 놀이 영상을 찍었다는 구독자 부모님들의 이야기를 자주 듣습니다.

아이가 영상을 찍어달라고 할 때 어떻게 반응하나요? "지금은 바쁘니 나중에 찍어줄게."라고 할 수도 있고 "그런 쓸데없는 거 하지 말고 공부나 해!"라고 할 수도 있습니다. 하지만 "영상? 그래, 그거 재밌겠는데~ 엄마가 촬영 감독할게. 우리 촬영 놀이 해보자!"라고 말하며 아이의 관심을 그대로 옮겨서 사랑스런 모습을 스마트폰에 담을 수도 있습니다.

 **라임튜브는 이렇게** **아이가 좋아하는 영상 찾아보고 이해하기**

스마트폰이 없는 영유아, 어린이는 엄마나 아빠의 스마트폰으로 유튜브를 봅니다. 그래서 부모들은 아이가 어떤 영상을 보는지 쉽게 알 수 있습니다. 아이 스스로 구독이나 알람 설정을 해놓지 않더라도 자주 본 영상, 추천 영상을 보면 아이의 성향이나 좋아하는 것을 쉽게 알 수 있습니다.

유튜브 앱의 [보관함]에서 [최근 동영상], [기록]을 확인할 수 있습니다.

친근한 스마트폰으로 가볍게 촬영 놀이 하기

키즈 크리에이터를 꿈꾸는 아이는 촬영에 익숙해져야 합니다. 그 전에 이미 아이는 스마트폰이나 카메라에 익숙해져 있을 겁니다. 스마트폰은 태어날 때부터 있던 물건이고 고개를 돌리면 어디서든 볼 수 있었기 때문이죠. 그래서 스마트폰을 보며 연기하고 촬영하는 것이 Z세대 아이들에게는 특별한 일이 아닙니다.

라임파파도 유튜브를 처음 시작할 때 거창하게 준비하지 않았습니다. 앞서 이야기했지만 '유튜브, 해보지 뭐!'라는 마음이었습니다. 그때 당시 가지고 있던 조건으로 테스트하면서 조금씩 공부하여 업데이트했습니다. 장난감 리뷰를 해야 할 때는 집에 있는 장난감을 찾아보았고, 필요한 장난감이 없으면 재활용품 더미를 뒤지거나 장난감 시장으로 향했습니다. 처음이니까 어설픈 건 당연하죠. 그 처음이 있었기에 〈라임튜브〉가 지금까지 성장할 수 있었습니다.

> **TIP** 영상 촬영에 대한 자세한 내용은 **PART 03**을 참고하세요.

스마트폰으로 아이의 모습을 촬영해보세요. 그리고 카메라 너머의 아이에게 질문을 던져보는 겁니다. "오늘 점심 메뉴는 어땠어? 맛있었어?"라고 가볍게 물어보는 것을 시작으로, 아이가 맛있게 음식 먹는 모습을 찍어보는 것도 좋습니다. 카메라 초점이 안 맞아도 좋고 흔들려도 좋습니다. 아이와 처음 찍어보는 데에 의의를 두는 겁니다. 더도 말고 덜도 말고요!

촬영 놀이를 시작하는 부모의 자세

어린아이를 촬영하는 일 자체가 쉽진 않습니다. 하지만 촬영이 아닌 놀이의 관점에서 접근한다면 어떨까요? 굉장히 쉽습니다. 아이는 하루 종일 놀 수 있으니까요.

아이가 키즈 크리에이터 활동을 할 수 있도록 콘텐츠를 만들려면 여러 요소가 필요합니다. 유튜브에 업로드하기 위해 만드는 영상은 방송 프로그램을 만드는 것과 같습니다. 방송국에서 만드느냐, 가정에서 만드느냐의 차이가 있을 뿐이지요.

부모는 영상 촬영, 소재 발굴, 유튜브 채널 운영, 아이의 일정 관리, 소품 공수, 스토리 짜기, 장소 섭외, 팬 관리, SNS 관리 등 영상 감독부터 매니저 역할까지 해야 합니다. 이걸 다 어떻게 할지 걱정부터 앞서겠지만, 이 모든 걸 한 번에 시작하지 않아도 됩니다. 징검다리를 건

너듯 한 걸음, 한 걸음씩 나아가면 됩니다. 모르면 모르는 만큼, 알면 아는 만큼 무리하지 말고 아이의 속도, 가족의 속도에 맞추어 적절하게 진행합니다.

라임이와 재미있게 노는 라임파파. 이 모습을 촬영하는 라임맘

하나. 처음부터 끝까지 모든 것을 책임지세요

아이와 함께 키즈 콘텐츠를 제작하기로 마음먹었다면, 아이를 키즈 크리에이터로 키우겠다고 마음먹었다면 이와 관련된 모든 책임은 부모에게 있습니다. 아이는 그저 참여만 할 뿐입니다. 키즈 크리에이터로 활동하는 아이를 보고 누군가는 부모의 욕심이라고도 합니다. 아이가 원해서 시작하는 경우도 있지만 결과적으로는 '부모가 동의'해야만 할 수 있는 활동이기 때문이죠. 따라서 부모는 아이를 전적으로 믿고 지원해줘야 합니다. 키즈 콘텐츠 제작자이자 아이의 부모로서 책임감을 갖고 임해야 합니다.

둘. 남과 비교하지 마세요

유튜브는 누군가와 경쟁하는 곳이 아닙니다. 다른 채널의 구독자가 많다고 박탈감을 느낄 필요가 없습니다. 처음 유튜브 활동을 시작할 때는 모두 "나는 남에게 휘둘리지 않아요."라고 말합니다. 하지만 비슷한 시기에 시작한 다른 채널은 급성장하는데 내 채널의 성장 속도가 지지부진하면 마음이 달라집니다. 영상을 잘 만드는 것 같은데 구독자수나 영상 조회수가 제

자리 걸음이어도 마찬가지입니다. 이런 상황에 놓이면 대부분의 사람들은 남 탓을 합니다. 마음이 불안해져서 아이에게 특정 행동이나 말을 강요하기도 하고 남과 비교하게 되죠. 절대 해서는 안 되는 행동입니다.

셋. 아이가 싫어한다면 당장 멈추세요!

처음 키즈 콘텐츠를 만들 때부터 지녀야 하는 마음가짐입니다. 어느 날 갑자기 아이가 키즈 크리에이터가 되고 싶다고 해서 시작했던 것처럼, 아이가 '이제 유튜브 안 찍을래!' 하면 멈출 각오가 서 있어야 합니다. 키즈 콘텐츠를 만들어 채널을 운영하는 것은 장기적인 관점으로 봐야 할 일이지만 아이가 키즈 크리에이터를 원하지 않을 수도 있습니다. 모든 것을 아이 중심으로 생각해야 합니다.

라임파파's TALK 라임파파는 구독자 1명이 우리 영상을 봐줘서 고마웠던 마음을 지금까지 간직하고 있습니다. 10명이 보든 100만 명이 보든 같은 마음으로 영상을 만듭니다. 〈라임튜브〉 영상을 보는 아이나 부모님에게 재미와 정보를 줄 수 있음에 감사하고, 라임이와 함께 영상을 촬영할 수 있는 현재 상황에 감사합니다. 이 책을 보는 부모님도 같은 마음으로 시작하면 좋겠습니다. 삶을 긍정적으로 바라보는 부모는 아이가 세상에 도전해서 실패해도 "괜찮아! 또 시작하면 되지!"라고 말합니다. 아이는 부모의 관점을 그대로 받아들여 실패해도 괜찮다는 긍정적인 마인드를 지닌 아이가 될 것입니다.

라임튜브는 이렇게 〈라임튜브〉의 유튜브 라이프

촬영 : 라임이네 가족은 삶과 유튜브(크리에이터 활동)를 분리하여 생활합니다. 촬영 전 사전 회의를 통해 라임이에게 의사를 물어봅니다. "라임아, 요거 재밌을 거 같은데 영상으로 찍어볼까?" 이때 두세 개 정도의 아이템을 준비해서 라임이 스스로 선택하게 합니다. 영상을 찍다가 라임이가 재미없어 하면 즉각적으로 콘텐츠 방향을 바꿉니다. 촬영하고 싶지 않다고 하면 촬영하지 않고요. 촬영은 정해진 날 정해진 소재로만 짧게 찍습니다. 하루 종일 찍지 않습니다.

편성 : 〈라임튜브〉는 라임이의 요구에 따라 업로드하는 영상 콘텐츠를 지속적으로 줄이고 있습니다. 초등학교 1학년 때에는 일주일에 3, 4개, 2학년 때에는 2개만 찍는다고 하여 라임이의 의사를 존중해 반영했습니다. 어느 주는 촬영하지 않고 친구와 논다고 하면 그러라고 합니다. 현재 한 주에 업로드하는 신규 영상은 2개, 재방송 1개로 총 3회 방송(업로드)합니다. 라임이가 촬영하고 싶지 않다고 하면 신규 영상을 1개 올릴 때도 있고 장기 여행을 떠나면 2주 동안 신규 영상을 올리지 않기도 했습니다.

신규 콘텐츠가 없는데 걱정되지 않았냐고요? 절대 걱정하지 않습니다. 새로운 콘텐츠를 올리지 않아도 구독자가 갑자기 사라지거나 조회수가 곤두박질치지 않습니다. 걱정하지 말고 '아이가 원하는 것'에 맞춰주세요.

엄마 아빠가 영상에
같이 출연하는 게 좋을까요?

유명한 키즈 채널을 보면 엄마나 아빠가 함께 영상에 등장하는 경우가 많습니다. 라임파파 역시 라임이와 함께 영상에 출연하고 있고요. 그렇다면 엄마 아빠가 영상에 함께 출연하여 콘텐츠를 만드는 게 좋을까요? 키즈 채널이니 아이만 영상에 등장하는 게 좋을까요? 이번에는 부모와 함께 영상을 찍고 콘텐츠를 만드는 방법에 대해 알아보겠습니다.

#유튜브가 어색한 #엄마아빠도 #영상에 함께 #출연하기

아이 혼자 영상을 이끌 수는 없다

라임이는 네 살 때 처음 유튜브 영상을 찍었고 아홉 살이 된 지금까지도 〈라임튜브〉의 크리에이터로 왕성하게 활동하고 있습니다. 매우 어릴 때부터 시작한 크리에이터 활동이라 주변에서 걱정도 많았는데요. 하지만 우려의 시선과 달리 매우 적극적이고 활발한 아이로 성장하여 왕성하게 활동하고 있습니다.

앞서 이야기했듯 〈라임튜브〉 초창기에는 라임이가 어렸기 때문에 라임이가 주도하는 콘텐츠를 만들 수 없었습니다. 그래서 라임파파가 조작하는 장난감으로 함께 노는 영상이나 그림 그리기 영상, 장난감 리뷰 영상 등의 콘텐츠를 만들었습니다. 라임파파나 라임맘이 콘텐츠를 짠 후 손이나 목소리만 등장하여 라임이와 함께하는 영상이었죠.

라임파파 손만 등장하여 라임이와 놀이하는 영상

라임파파와 라임맘은 촬영하는 과정이 라임이에게 즐거운 경험이 되길 바랐습니다. 라임이가 어리기 때문에 정서적으로 안정된 놀이가 먼저였고 촬영은 그다음 문제였습니다. '라임이와 파랑이의 장난감 놀이' 콘셉트도 이렇게 도출된 것입니다.

"안녕? 난 쿠키 몬스터야~ 손 먹어버린다! 냠냠!"

'쿠키 몬스터' 인형을 손에 끼고 라임이에게 말을 걸었더니 라임이가 자지러지게 웃으며 '손 냠냠'을 수십 번 하는 겁니다. 그래서 나온 콘셉트가 '라임이와 파랑이의 장난감 놀이'입니다. 라임파파는 파랑이를 통해 메인 MC 역할을 하고 라임이가 게스트로 참여하는 형태의 콘텐츠를 만들었습니다. 이 콘텐츠는 라임이가 다섯 살 때 처음 만들기 시작해 일곱 살 때까지 이어졌는데요. 동생이 없는 라임이에게 파랑이는 어리바리한 동생이 되었습니다. 라임이는 파랑이를 친구처럼 동생처럼 생각하며 놀이를 했죠. 아홉 살이 된 지금은 라임파파가 파랑이를 연기했다는 걸 알고 있지요.

라임이와 파랑이의
아이스크림 만들기 콘텐츠

TIP 장난감 놀이 콘셉트는 PART 01의 'QUESTION 05 〈라임튜브〉 콘텐츠는 어떻게 기획했나요?'에도 소개되어 있습니다.

파랑이 : 나 아이스크림 먹고 싶은데. 라임아. 나 초코 아이스크림 만들어줄래?

라임이 : 응 잠깐만! 내가 후딱 만들어줄게!

이렇게 촬영하다보면 아이는 촬영이 아니라 아빠 엄마와 촬영 놀이를 한다고 생각합니다. 물론 아이가 인형 놀이를 끝낼 때까지 2시간, 3시간이 훌쩍 지나가버리죠. 이렇게 라임이는 파랑이가 된 라임파파와 소꿉놀이를 오래, 자주 했습니다. 말 그대로 무한 반복했습니다. 이때 중요한 건 아이가 스스로 놀이를 끝낼 때까지 기다려야 한다는 점입니다. 아이가 오감으로 만족하여 놀고 나면 평온한 마음으로 잠들게 되고, 촬영 놀이에 스트레스 받지 않게 됩니다.

라임이는 스스로 놀이하는 것을 즐깁니다.

🍭 **라임파파's TALK** 창의적인 아이는 본인의 의지로 놀이를 주도하고 상상하며 콘텐츠를 만들어갑니다. 이때 부모가 "이렇게 해", "저렇게 해!" 하며 아이의 행동을 제약하면 아이는 상상하는 힘을 잃어버립니다. 아이가 자기주도적인 사람으로 성장하길 바란다면 아이가 스스로 해결해나가도록 콘텐츠를 만들어보는 건 어떨까요?

엄마 아빠는 카메라 안에서 함께 즐기는 친구

기본적으로 끼가 많은 아이는 카메라 앞에서 혼자 할 수 있는 게 많습니다. 탤런트(타고난 재능)가 좋고 끼가 많다면 혼자 영상 콘텐츠를 이끌어가도 됩니다. 하지만 대부분의 아이는 그렇지 않습니다. 잘 놀다가도 금방 지루해하고, 부끄러워하거나 용기가 부족해 촬영을 시작조차 못하는 경우가 많죠. 아이에게는 저마다 고유한 성격이 있습니다. 또 환경적인 요인으로 발달 단계도 다릅니다. 그러므로 아이가 혼자 영상을 이끌어가지 못한다고 해서 꾸짖거나 답답해하지 마세요. 당연한 거니까요.

'키즈 크리에이터'라고 하면 아이가 주인공인 채널을 상상하는 경우가 많은데요. 사실 아이 혼자 채널을 책임지고 주 단위로 일정을 소화하는 건 쉽지 않습니다. 엄마 아빠를 비롯해 가족 구성원의 도움을 받아 채널을 이끄는 경우가 많죠. 부담 갖지 말고 아이와 함께 취미처럼 가볍게 시작하세요.

🍭 **랄랄파파's TALK** 엄마 아빠가 영상에 꼭 함께 등장해야 하는 건 아닙니다. 하지만 한 번쯤은 카메라 앞에 서서 직접 경험해보세요. 엄마 아빠가 직접 카메라 앞에 선 감정을 꼭 느껴봐야 합니다. 그래야만 내 아이가 촬영해도 괜찮은지 판단할 수 있습니다.

남매가 함께하는 〈아롱다롱 TV〉

아빠와 남매가 함께하는 〈제이제이튜브〉

가족과 함께하는 〈프리티에스더〉

쌍둥이 자매와 엄마 아빠가 함께하는 〈뚜아뚜지 TV〉

엄마와 아빠는 카메라 밖에서 아이에게 행동을 지시하는 사람이 아니라 카메라 안에서 함께 즐기는 친구여야 합니다. 대부분의 키즈 크리에이터들이 부모나 형제, 자매와 영상을 찍는 이유는 아이들이 제일 편하게 여기는 촬영 환경을 조성하기 위해서랍니다. 아이가 가장 편하게 대할 수 있는 사람, 믿고 의지할 수 있는 가족과 함께 촬영한다는 것은 매우 중요합니다.

아이가 원하는 대로 하기

엄마 아빠와 함께 촬영한다 해도 '영상'을 만드는 일은 정말 어렵습니다. 몇 년 전으로 거슬러 가볼까요? 돌 사진을 찍을 때 사진작가가 얼마나 힘들게 한 컷을 만들어냈는지 기억하시나요? 아이를 어르고 달래서 순간을 포착하기 위해 진땀을 흘렸었죠. 옆에 엄마 아빠가 있어도 아이는 절대 말을 듣지 않죠.

라임파파는 아이와 촬영하기 힘들어하는 부모님의 댓글 문의가 있으면 피드백을 드리기도 합니다.

집중력이 짧은 아이는 어떤 주제로든 1분짜리 영상을 찍을 수 없습니다. 이렇게 한번 접근해보세요. 아이한테 모든 걸 맞추는 거죠. 엄마 아빠와 함께 찍는다면 더욱 좋고요. 그렇게 찍다보면 익숙해지고 발전할 겁니다. 그렇게 몇 차례 찍으면 부모나 아이나 편집 노하우를 알게 되어 상의하면서 영상을 찍게 될 겁니다.

아이가 생각하는 스토리텔링은 아이 세계에서는 그 자체로 완벽합니다. 우선 찍어보세요. 그리고 아이와 놀아주세요. 반복적으로 촬영할 때 아이가 촬영 시간을 기다리고 기대하고 있다면 잘하신 겁니다. 아이가 즐거운 상태를 계속 유지한다면 아이도 부모님도 자연스럽게 크리에이터로 성장할 발판을 마련한 거예요.

키즈 크리에이터 선발 대회에 나가야 할까요?

유튜브가 아니더라도 다양한 어린이 채널을 통해 키즈 크리에이터들이 활동하고 있습니다. 덩달아 키즈 크리에이터를 뽑는다는 선발 대회 이벤트도 열립니다. 키즈 크리에이터가 되려면 꼭 선발 대회에 나가야 할까요? 아니면 부모와 함께 기획하고 영상을 올리는 게 좋을까요? 이번에는 키즈 크리에이터 선발 대회에 대해 알아 보겠습니다.

#미스코리아처럼 #키즈 크리에이터 선발 대회에 #꼭 나가야 할까요?

다양한 키즈 크리에이터 선발 대회

포털 사이트 검색창에 '키즈 크리에이터'를 검색하면 '키즈 크리에이터 선발 대회'가 연관 검색어로 나타납니다. 선발 대회라는 단어를 보면 언뜻 미스코리아 선발 대회가 떠오르기도 하고 왠지 꼭 거쳐야할 관문 같은 느낌을 주기도 하는데요. 실제로 키즈 크리에이터 선발 대회는 키즈 콘텐츠에 관심이 많고 직접 키즈 콘텐츠를 만들고 싶은 분을 대상으로 건전한 온라인 콘텐츠를 만들 수 있게 도와주는 취지의 행사입니다. 열심히 활동하는 현역 크리에이터가 멘토가 되어, 선발 대회에 응모한 크리에이터가 키즈 콘텐츠를 제작할 수 있도록 도움을 주는 것이지요. 라임파파도 DIA TV, 쥬니어네이버가 진행한 키즈 크리에이터 선발 대회의 1, 2, 3기 멘토로 참가하기도 했습니다.

키즈 크리에이터 선발 대회는 DIA TV 같은 MCN은 물론이고 출판 교육 업체(교원그룹, 예림당)나 TV 채널(재능 TV), 장난감 업체(영실업), 소년조선일보 등 다양한 곳에서 진행하고 있습니다.

교원그룹 키즈 크리에이터 선발 대회   영실업 L.O.L 키즈 크리에이터 선발 대회

한 번쯤 경험하는 건 좋지만 기대는 금물

키즈 크리에이터 선발 대회에 지원하기 위해 특별히 준비할 건 없습니다. 특별한 형식 없이 실험, 만들기, 리뷰, 요리 등 어린이를 대상으로 하는 건전한 콘텐츠로 영상을 제작하여 응모합니다. 다만 MCN이나 별도의 기획사에 소속되어 있지 않은 상태여야 하겠죠.

아직 한 번도 키즈 콘텐츠를 제작해보지 않았다면 경험 삼아 참여해보는 것도 좋습니다. 아이와 집에서만 독자적으로 콘텐츠를 만든다면 유튜브 가이드라인을 잘 모를 수도 있는데요. 선발 대회에 참여하기 위해 유의해야 할 사항을 숙지한다면 키즈 콘텐츠를 제작할 때 막막하진 않을 겁니다.

> **TIP** MCN(Multi Channel Network)은 크리에이터를 발굴, 육성, 관리하는 회사입니다. 자세한 설명은 **PART 03**의 'QUESTION 05 MCN에 가입해야 하나요?'를 참고하세요. 유튜브 커뮤니티 가이드라인에 대한 자세한 설명은 **PART 03**의 'QUESTION 01 영상 아이템과 콘셉트는 어떻게 잡아야 할까요?'를 참고하세요.

선발 대회를 통해 키즈 크리에이터, 키즈 채널로 활동하고 있는 채널도 있는데요. 대표적으로 〈아롱다롱 TV〉, 〈프리티에스터〉, 〈서은이야기〉 채널은 라임파파가 멘토링을 해주었던 팀이었습니다. 지금은 아주 멋진 키즈 채널이 되어 독자적인 콘텐츠를 만들고 있지요. 자칫 선발 대회에 참여해 좋은 성적을 거두면 마치 스타 양성소처럼 많은 것을 지원받고 성공을 눈앞에 둔다고 생각할 수 있습니다. 실제 선발 대회를 통해 선발된 팀은 상금과 소정의 콘텐츠 지원금, 기업 홍보 제품 등을 지원받을 수 있습니다. 그러나 가장 큰 혜택은 현역 크리에이터의 멘토링일 것입니다. 단 몇 시간이지만 인기 있는 현역 크리에이터로부터 핵심 노하우를 얻는다는 것은 무엇보다 가치 있는 일이죠. 그래서 선발 대회에 큰 기대를 갖기보다는 경험 삼아 지원해본다는 마음을 가지는 것이 좋습니다.

DIA TV 키즈 크리에이터 선발 대회 후기 영상(https://youtu.be/lExfhh_WEXU)을 참고하세요.

LIME
GALLERY

▲ 라임파파가 콘티를 그리면 라임이도 그림을 그립니다.

▲ 라임파파는 장난감 리뷰를 위해
　장난감 시장에 자주 들렀습니다.

▲ 라임이는 루피를 좋아했지요.

▲ 라임이가 좋아하는 인형

▲ 〈라임튜브〉 프로필로도
사용한 라임이 사진

▲ 라임이와 정우가 감옥에 갇혔어요.

LIME
GALLERY

▶ 〈라임튜브〉 부채를 든
라임이

▲ 라임이의 모습을 항상 기억해둡니다.

▲ 공주 놀이에 푹 빠진 라임이

▲ 라임이는 엘사를, 정우는 배트맨을 좋아합니다.

▲ 〈아롱다롱TV〉의 아롱이와 라임이

▲ 라임 가족의 한 컷

PART

03

엄마 아빠랑
키즈 크리에이터
준비해요!

"자! 이제 시작이다! 즐거운 유튜브 라이프를 위해 출발!"

키즈 크리에이터를 꿈꾸는 아이와 함께 유튜브 라이프를 즐기기로 마음먹었다고요? 그럼 지금부터 시작입니다. '유튜브', '키즈 크리에이터', '키즈 콘텐츠' 등 자칫 모호할 수 있는 이야기를 꼼꼼히 살펴보겠습니다. 첫술에 배부를 수는 없지만 차근차근 따라 해보면 키즈 콘텐츠에 대해 쉽게 이해할 수 있을 겁니다.

PART 03에서는 아이와 함께 키즈 콘텐츠를 만들기로 한 부모님 혹은 키즈 콘텐츠를 만들고 싶은 분들을 위해 라임파파의 노하우를 전합니다. 아이템과 콘셉트를 잡는 방법부터 유튜브 가이드라인까지 알아보며 기초 지식을 쌓을 수 있게 도와줍니다.

QUESTION 01

영상 아이템과 콘셉트는 어떻게 잡아야 할까요?

아이와 함께 유튜브 키즈 콘텐츠를 만들겠다고 마음먹었으면 무엇부터 시작해야 할까요? 어떤 아이템으로 영상을 만들지 기획하는 일이 먼저겠죠. 이번에는 영상 아이템과 콘셉트를 어떻게 잡는지 혹은 키즈 콘텐츠를 어떻게 기획해야 하는지 알아보겠습니다.

#유튜브 가이드라인을 준수하여 #키즈 채널 콘텐츠를 #제대로 기획하자

키즈 콘텐츠, 어떤 것들이 있을까?

아이들을 대상으로 한 채널의 콘텐츠는 모두 키즈 콘텐츠라 할 수 있습니다. 교육 목적으로 만든 콘텐츠 중에서도 키즈 콘텐츠를 찾을 수 있습니다. 얼마 전까지만 해도 사람들은 키즈 콘텐츠를 '장난감을 가지고 노는 영상'으로만 여겼습니다. 그러나 이제는 확실한 기획력을 바탕으로 체험, 놀이, 먹방, 리뷰, 상황극 등 다양한 아이템이 들어간 콘텐츠를 만듭니다.

유튜브에는 콘텐츠 분야에 관한 카테고리가 나뉘어 있지 않습니다. 유튜브 내에서 제목과 해시태그(#), 영상 시청자 및 구독자 정보를 분석하여 알고리즘을 통해 영상 카테고리를 분류하고 또 다른 사용자에게 추천하는 방식이죠. 처음부터 "이 영상은 키즈 콘텐츠로 제작했습니다."라고 말하지 않아도 유튜브 알고리즘이 알아서 키즈 콘텐츠로 선별합니다. 그렇다면 어떤 아이템을 어떤 콘셉트로 만들어야 할까요?

〈라임이 집에 먹보 벌레가 나타났어요!〉 _ 재미있는 상황극 아이템

〈라임튜브〉도 다양한 기획 아이템을 바탕으로 키즈 콘텐츠를 생산하고 있습니다. 앞서 〈라임튜브〉가 추구하는 콘텐츠를 이렇게 말했습니다.

〈라임튜브〉는 라임이가 또래 친구들을 대신해서 다양한 체험을 하고
그 체험을 통해서 도전하는 자세와 용기, 그리고 세상은 흥미롭고 아름답다는 걸
또래 친구들에게 보여주려고 합니다.

이것이 바로 〈라임튜브〉의 콘셉트이죠. 재미있는 상황극을 만들어 보여주기도 하고 라임이의 성장기를 보여주는 기획 드라마를 구성하기도 합니다. 그 밖에 먹방, 체험, 여행 등 다양한 아이템으로 영상을 만듭니다. 영상을 만들 때 가장 중요한 것은 일관된 콘텐츠 콘셉트입니다.

〈슈퍼라임 어드벤처 모음〉_ 기획 드라마 아이템

〈시리얼 토핑 챌린지! 우유 맛있게 먹는 방법 대공개!〉_ 우유를 맛있게 먹는 먹방 아이템

〈도전! 라임의 양평 패러글라이딩 파크 체험!〉_ 라임이가 할 수 있는 체험 아이템

〈반짝이 풍선 액괴 만들기〉_ 인기 있는 장난감으로 놀이하는 아이템

TIP 콘셉트에 맞는 촬영 방법은 PART 04의 'QUESTION 06 쉽게 할 수 있는 영상 연출 기법을 알려주세요'를 참고하세요.

구독자가 원하는 걸 나만의 표현 방식으로

유튜브는 거대한 바다 혹은 자신만의 문화를 지닌 세계라 해도 과언이 아닙니다. 이를 알 수 있는 대표적인 예가 싸이의 '강남스타일'이나 핑크퐁의 '상어가족'입니다. 두 영상은 유튜브에서 다양하게 패러디되고 수많은 구독자에게 추천되면서 빠르게 퍼져나갔습니다. 이제 국내뿐 아니라 전 세계인에게 주목받는 성공한 콘텐츠로 손꼽힙니다. 여기에 정답이 있습니다. 바로 대중성과 차별성입니다. 제아무리 완성도 있는 콘텐츠를 만들었다고 한들 유튜브 사용자들에게 검색되지 않고 추천되지 않으면 아무 소용이 없기 때문입니다.

〈라임튜브〉는 '상어가족'을 주제로 한 콘텐츠를 여러 번 업로드했습니다. '상어가족'을 좋아하는 연령대가 〈라임튜브〉 구독자의 연령대와 비슷했기 때문에 전략적으로 '상어가족' 콘텐츠를 다양하게 편집하여 업로드(재방)해보았습니다. 내 구독자가 좋아하는 소재를 통해 구독자들에게서 공감을 이끌어내고, 유행하는 인기 영상을 좋아하는 시청자(앞으로 〈라임튜브〉의 구독자가 될 분들)에게 〈라임튜브〉를 노출하려는 전략이었습니다. 친근한 '상어가족' 노래를 사용하여 물속 여행이나 율동, 숫자 공부 등 다양한 콘텐츠로 파생시켰습니다.

〈아기상어를 타고 물속 여행해요〉_조회수 약 1,200만 회

〈아기상어랑 놀아요!〉_조회수 약 255만 회(재방 영상)

스스로 트렌드를 만들어 유행을 리드할 수 있다면 다른 콘텐츠를 참고하지 않아도 됩니다. 유튜브는 1인 방송이고 개인 방송이라 어떤 콘셉트로, 어떤 콘텐츠를 만들어야 하는지 명확히 규정되어 있지 않습니다. 따라서 내가 말하고 싶은 주제를 내가 만들고 싶은 방식으로 만들어 업로드하면 됩니다.

하지만 이렇게 생각해보세요. 만약 라임파파가 X세대의 사고방식으로 영상을 만들어 포노사피엔스라 불리는 요즘 사람들에게 서비스한다면 어떨까요? 과연 그 사람들이 그 영상을 재미있게 보고 만족해할까요? 마찬가지입니다. 부모님 입장에서 재미있고 멋진 영상을 만들어 아이들에게 보여준다면 아이들이 잘 볼까요? 아마 그렇지 않을 겁니다. 유튜브 영상 콘텐츠는 대중적이되, 차별화된 콘텐츠여야 합니다. 즉, 구독자들이 원하는 영상을 나만의 제작 방식으로 만들어야 합니다.

> **TIP** 포노사피엔스(Phono sapiens)는 스마트폰(smartphone)과 호모 사피엔스(Homo sapiens : 인류)의 합성어로, 스마트폰을 신체의 일부처럼 사용하는 새로운 세대를 뜻합니다. 요즘 1020세대들만 보더라도 손에서 스마트폰을 놓지 않습니다. 아침에 눈 뜨는 것과 동시에 스마트폰을 찾지요. 그리고 어떤 정보를 찾을 때도 네이버 같은 포털 사이트보다는 유튜브에서 검색해 영상으로 확인합니다.

정보와 재미가 함께 있어야 한다!

콘텐츠 제작자는 공감 능력이 있어야 합니다. 유튜브는 한 나라라고 생각해도 좋을 만큼 나름의 문화가 형성되어 있습니다. 나라마다 고유한 문화가 있듯이 유튜브를 이용하는 시청자들도 하나의 문화로 연결되어 있습니다. 타깃팅하는 연령대에 따라 콘텐츠 소비 형태도 비슷하죠. 조회수가 높은 영상은 조회수가 낮은 영상보다 많은 사람이 즐겁게 시청해서 바이럴되었다고 볼 수 있습니다.

> **TIP** 바이럴 마케팅이란 용어를 들어보았을 겁니다. 바이럴(viral)은 바이러스(virus)의 형용사형으로 바이러스처럼 '감염, 전염, 전이시키다'라는 의미를 담고 있습니다. 바이럴 마케팅의 핵심은 소비자들 스스로 해당 상품이나 콘텐츠에 대한 정보를 퍼트리도록 유도하는 것입니다. 유튜브에서라면 영상 시청자들이 댓글을 달거나 '좋아요'를 클릭하고 공유 주소 URL을 복사해 퍼가는 것이죠.

키즈 콘텐츠를 소비하는 아이들은 아기 때부터 스마트폰을 손에 쥘 수 있던 세대입니다. 이 아이들에게 영상은 하나의 언어이고 매우 쉽게 취사선택할 수 있는 재밋거리입니다. 유튜브에서 시청하는 영상이 재미없으면 몇 초 안에 손가락으로 영상을 스윽 밀어 추천 영상을 둘러보고 더 재미있어 보이는 다른 영상을 선택합니다. 이 모든 행위가 자연스럽죠.

초등학생 라임이는 스마트폰으로 유튜브 영상을 보기도 합니다.

아이 입장에서는 영상을 볼 수 있는 시간이 제한되어 있습니다. 보통 외식을 하거나 엄마 아빠가 설거지하는 짧은 시간에 스마트폰으로 영상을 보는 경우가 많습니다. 그래서 아이들은 짧은 시간 안에 자신의 욕구를 충족하기 위해 빠르게 선택하고 집중합니다. 그런 아이들에게 내가 만든 영상이 노출될 기회는 단 몇 초밖에 되지 않습니다. 그 몇 초 안에 클릭을 유도해야 합니다. 특히 키즈 영상을 보는 아이들 중에는 아직 한글을 읽을 줄 모르는 연령대의 아이들이 많아 시청각적으로 아이의 눈길을 사로잡아야 합니다. 단, 키즈 콘텐츠는 아이를 위한 영상이므로 재미와 정보, 이 두 가지 요소가 꼭 있어야 합니다. 두 요소의 비율을 몇 대 몇으로 나누느냐에 따라 교육 콘텐츠인지 엔터 콘텐츠지인지 결정됩니다.

그리기 활동을 통한 체험 · 교육 콘텐츠

근육맨 장난감으로 놀이하는 엔터 콘텐츠

라임파파's TALK 예전에는 궁금한 게 있으면 네이버 같은 포털 사이트에서 검색해 정보를 텍스트나 이미지로만 익혔습니다. 그러나 〈라임튜브〉를 운영하면서부터는 유튜브 영상을 통해 정보를 습득합니다. 앞서 이야기한 포노사피엔스처럼요. 내 콘텐츠의 타깃을 이해하려면 그들과 같은 방식으로 행동하고 생각해봐야 합니다. 키즈 콘텐츠를 만든다면 아이 입장이 되어 생각해보는 것이지요. 그러면 정보와 재미를 어떻게 배분할지 감이 잡힙니다.

인기 있는 주제나 아이템에 〈라임튜브〉만의 색깔을 입혀 재미있는 정보로 표현하는 것! 이 것이 라임파파가 콘텐츠를 제작하는 방식이기도 합니다.

유튜브 가이드라인을 준수하자

키즈 콘텐츠는 아이를 대상으로 하는 콘텐츠입니다. 따라서 가이드라인을 꼼꼼하게 숙지해야 합니다. 아이는 물론 부모도 함께 시청하는 영상이므로 가족 동영상 유형으로 분류됩니다. 아래는 유튜브에서 규정한 적합한 영상과 적합하지 않은 영상에 대한 세부 내용입니다.

장르	적합함(O)	적합하지 않음(×)
일상 및 동영상 블로그	가족은 항상 자발적으로 참여해야 하고 절대 유해한 활동을 해서는 안 됩니다.	유해한 상황에 빠졌거나 감정적, 신체적 고통 속에 있거나 수치스럽고 폭력적이고 부정적인 감정을 느끼는 사람들의 모습을 보여주는 선정적인 콘텐츠입니다.
의상 및 캐릭터	의상을 갖춰 입은 가족이 긍정적 스토리 라인에 따라 창의적 연기를 펼칩니다.	아동 캐릭터 또는 기타 가족에게 친근한 캐릭터를 부적절한 방식(성인용 주제, 폭력 등)으로 오용합니다.
음식	건강한 식사, 가족이 함께하는 요리나 제빵, DIY나 교육 관련 콘텐츠입니다.	불량 식품을 과도하게 섭취하거나 폭식, 과식합니다.
트렌드 및 도전	유튜브 안팎에서 인기를 끌고 있는 트렌드를 모니터링하고 내 스타일과 형식으로 인기 게시물을 만듭니다. 인기 트렌드 또는 주제를 적합하고 안전한 버전으로 만듭니다.	가족 콘텐츠라고 설명하지만 실제로는 성인을 대상으로 한 인기 주제 및 모방의 위험이 있는 장난, 도전, 과제를 담고 있는 콘텐츠입니다.
동영상 시리즈	반복되는 형식의 콘텐츠로, 각 콘텐츠가 독창적이고 고유한 내용을 담고 있습니다.	독창성 또는 차별성이 부족한 내용을 중복해서 대량 제작한 콘텐츠입니다.

TIP 더 자세한 가이드라인은 아래 주소에 접속해 유튜브 정책(YouTube에서의 아동 안전)을 확인하세요.
https://www.youtube.com/intl/ko/about/policies/#community-guidelines

적합하지 않은 영상을 올리면 유튜브의 제재를 받게 됩니다.

적합하지 않은 내용에 해당하는 영상을 유튜브에 업로드하면 유튜브로부터 해당 영상의 수익 창출에 제한을 받을 수 있습니다. 콘텐츠가 삭제되거나 채널 경고를 받기도 합니다. 경고를 세 번 받으면 채널이 해지됩니다. 키즈 콘텐츠를 제작하는 채널의 운영자들 혹은 부모님들은 유튜브 아동법을 공부하지 않고 무분별하게 영상을 올리는 경우가 많습니다. 다른 사람이 만든 영상의 조회수가 많이 나오니 따라 만들다가 채널이 사라지는 경우도 빈번합니다. 유튜브에서는 새로 만들어지는 채널도 많지만 사라지는 채널도 많다는 것을 기억하세요. 하지 말아야 할 것들은 꼭 체크하여 즐거운 유튜브 라이프를 즐기길 바랍니다.

인기 채널의 영상을 참고해도 될까요?

이런저런 아이템으로 영상을 만들려고 마음먹었지만 어디서부터 어떻게 시작해야 할지 모를 수 있습니다. 어떤 분야에 새로 뛰어들려면 우선 시장조사를 해야 합니다. 그렇다면 인기 채널을 참고하는 것은 어떨까요? 이번에는 트렌드에 맞는 영상, 인기 추천 영상을 살펴보고 자신이 만들고자 하는 키즈 콘텐츠에 적용하는 방법에 대해 알아보겠습니다.

#갈피를 못 잡을 때에는 #인기 채널을 참고하고 #벤치마킹하라!

인기 있는 키즈 채널 분석하기

유튜브를 시작하려는 부모님들의 마음은 라임파파가 처음 유튜브를 시작할 때의 마음과 같을 거라 생각합니다. 하나부터 열까지 무엇을 어떻게 해야 하는지 막막하고 답답할 겁니다. 이때 필요한 것은 이런저런 비슷한 콘셉트의 채널을 둘러보고 참고할 만한 영상들을 정리하여 벤치마킹하는 것입니다. 잘되는 집은 다 이유가 있다고 하지 않습니까? 잘되는 채널, 인기 있는 영상은 다 그럴 만한 이유가 있습니다.

유튜브 [인기] 메뉴를 클릭하면 유튜브 알고리즘을 통해 선별된 인기 동영상을 볼 수 있습니다. 〈라임튜브〉도 인기 영상에 올랐답니다.

뭔가 배우고 싶다면 무작정 따라 해보는 게 가장 빠른 방법입니다. 콘셉트를 따라 하다보면 나름의 분석력(노하우)이 생깁니다. 섬네일은 어떻게 만들었는지, 이 채널의 구독자는 누구인지, 영상 길이는 어느 정도인지, 편집 스타일은 어떤 식으로 하는 게 좋은지, 촬영은 어떻게 해야 되는지 등 거의 모든 것을 벤치마킹합니다. 그렇게 습득한 노하우를 내 아이와 채널에 맞는 콘셉트로 자연스럽게 바꿉니다.

TIP 트렌드 영상이나 인기 영상을 그대로 따라 제작하는 것은 유튜브 가이드라인을 위반하는 것이므로 주의해야 합니다.

벤치마킹하여 내 영상에 적용하다보면 경험이 쌓입니다. 어떤 콘셉트는 좋아 보였지만 직접 촬영해보니 우리 아이에게는 맞지 않을 수 있고, 어떤 콘셉트는 재미없어 보였는데 우리 아이는 매우 즐겁게 촬영할 수도 있죠. 남들이 하는 콘텐츠가 좋아 보여도 내 아이와 가족의 조건에 맞지 않을 수 있습니다. 해보지 않고는 알 수 없습니다. 직접 경험해봐야만 알 수 있습니다. 이러한 노하우가 쌓이면 벤치마킹한 것들 중 몇 가지 테마를 가지고 나만의 영상 레시피 만들기를 시작하세요. 이게 바로 채널 브랜딩, 콘텐츠 브랜딩입니다.

라임파파's TALK 〈라임튜브〉를 구독하는 부모님들에게 '라임이가 맛있게 밥을 먹는 영상을 올려 달라'는 요청을 많이 받았습니다. 라임이가 잘 뛰어 노는 영상, 혼자 머리 감는 영상을 본 아이들이 따라 배우는 경우가 많았거든요. 부모님들은 어차피 보여줘야 할 영상이라면 '좋은 식습관'을 형성하는 데 도움이 되는 영상을 보여주고 싶었던 겁니다. 그러나 당시 라임이는 그 요청에 응하지 못했습니다. 라임이가 '편식'을 했기 때문입니다. 먹방 영상을 많이 만들지 못한 이유도 그 때문입니다. 라임이는 닭고기나 돼지고기보다 채소를 좋아했습니다. 채소 위주의 식사를 했다고 해도 무방한데요. 그러다보니 좋은 식습관을 보여줄 수 없어서 먹방이나 식습관 영상을 만들지 못했습니다. 협찬 의뢰가 들어와도 정중히 거절할 수밖에 없습니다. 이제 아홉 살이 된 라임이는 가리지 않고 무엇이든 잘 먹습니다.

유튜브는 거대한 바다입니다. 이 바다에는 때마다 유행하는 주제와 소재가 있습니다. 〈라임튜브〉 채널 운영 초창기에는 〈터닝메카드〉가 굉장한 인기였습니다. 그 당시에는 〈터닝메카드〉 관련 콘텐츠를 꾸준히 올렸습니다. 주기적으로 업로드하니 영상이 바이럴되었고 점점 구독자수와 조회수가 올라갔습니다. 이렇듯 유행 아이템을 다루는 것은 매우 중요합니다. 처음에는 언박싱 콘텐츠를 만들었다면 다음에는 장난감을 가지고 재미있게 노는 콘텐츠를 만들었습니다. 그리고 기획을 더 파생시켜 퍼즐 맞추기나 경쟁 등의 놀이를 하며 다양한 콘텐츠를 엮었습니다. 구독자수와 조회수도 꾸준히 상승했고요.

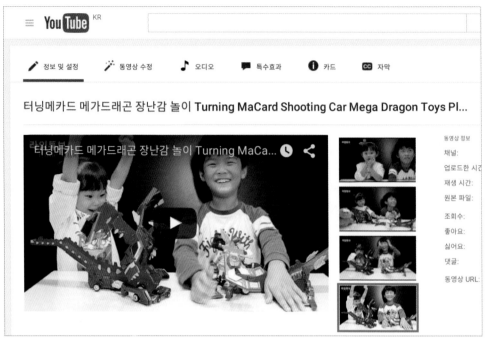

선풍적인 인기를 끈 〈터닝메카드〉 영상

TIP 유튜브 가이드라인에서도 트렌드에 맞는 벤치마킹 콘텐츠를 권장합니다. 인기 트렌드나 주제를 적합하고 안전한 버전으로 만들되, 내 스타일과 형식을 가미해야 합니다. 무분별하게 인기 채널을 따라 하는 것은 유튜브 가이드라인에 위배됩니다. 독창성이나 차별성이 부족한 내용을 중복으로 대량 제작하면 채널이 해지됩니다.

주변에 휘둘려 따라 하면 안 돼요

〈라임튜브〉와 비슷한 시기에 시작한 〈캐리와장난감친구들〉이 있습니다. 현재 〈헤이지니〉로 활동하는 '지니'가 〈캐리와장난감친구들〉에서 '캐리'였는데요. 이 채널이 어느 순간 급성장하면서 라임이 또래 친구들에게 큰 인기를 끌었습니다. 라임이도 〈캐리와장난감친구들〉의 캐리가 나온 영상을 보게 되었죠. 그런데 어느 날 라임이가 촬영 중에 캐리 흉내를 내는 게 아니겠어요?

"캐리는 이렇게 했어! 여기선 이렇게 캐리처럼 해야 돼!"

"라임아, 무슨 말이야…. 라임이는 라임이처럼 하면 돼."

"라임이…처럼?"

라임이는 두 눈을 끔뻑이며 대답했습니다. 라임파파는 이 일이 있는 후 한동안 캐리 영상을 보여주지 않았어요. 아이들은 모방 심리가 있어서 자신이 본 것을 그대로 따라 합니다. 그러면서 행동이나 말을 배우기도 하고요. 하지만 누군가를 따라 한다는 건 자신의 색을 잃어버리는 것입니다. 당시 라임이는 캐리를 따라 하면서 잠시 라임이만의 개성을 잃어버렸습니다. 지금은 라임이만의 색을 강하게 보여주고 있지만요.

🍭 **라임파파's TALK** 개성은 사람이 지닌 고유한 아이덴티티입니다. 라임파파와 라임맘은 시간이 오래 걸리더라도 라임이가 라임이만의 고유한 개성으로 구독자와 만나길 바랐어요. 일상생활을 할 때도, 영상 촬영을 할 때도 모든 순간을 라임이로 살았으면 한 거죠. 일상 속 라임이와 영상에 나오는 라임이가 다른 아이이면 안 되거든요. 그렇게 유도한 결과 라임이는 점점 자존감이 높아져 이제 자기 의사를 잘 표현하는 아이가 되었답니다.

채널의 스타일이 정립되는 기간에는 다른 채널의 캐릭터를 모방하지 않도록 해야 합니다. 연기를 한다고 가정해볼게요. 연기를 할 때는 '캐릭터의 옷'을 입습니다. '실제의 나'가 아닌 '가상의 나'를 체험하며 연기하는 거죠. 그러나 유튜브의 영상 콘텐츠는 지속적인 제작 방식으로 접근해야 합니다. 한 번 시작하면 적어도 6개월 이상 콘텐츠를 만들어가야 합니다. 따라서 한순간만 연기하는 게 아닌 '나'를 꾸준히 유지하며 자신의 모습을 그대로 보여주는 것이 좋습니다.

라임파파는 〈라임튜브〉를 5년째 운영하고 있습니다. 아이들은 호기심이 많습니다. 오감으로 겪는 모든 것이 처음이기 때문이죠. 그러나 새로운 것에 쉽게 관심을 가지는 만큼 경험한 후에는 급격히 관심이 떨어집니다. 이런 아이들이 장기간 다른 캐릭터를 연기할 경우 촬영할 때마다 '척'을 해야 합니다. 예쁜 척, 착한 척, 귀여운 척, 재미있는 척…. 내가 아닌 다른 사람으로 살아야 하는 상황을 한번 생각해보세요. 아이들에게는 정말 쉽지 않은 일입니다. 따라서 특정한 느낌을 강요하지 말고 아이의 개성에 맞게 자연스럽게 촬영하도록 유도하는 게 좋습니다. 시간이 좀 걸려도 괜찮습니다. 아이들은 한순간도 멈춰 있지 않고 성장하고 있으니까요.

🍭 **라임파파's TALK** 아이에게 영상을 촬영하는 모든 순간은 '놀이'여야만 합니다. 내 아이가 유명해지는 것, 내 아이가 잘 사는 것, 내 아이가 행복해지는 것은 부모의 바람입니다. 아이에게는 유명해지고 싶다거나 돈을 많이 벌겠다는 목적이 없어요. 아이는 부모와 놀고 싶은 마음뿐입니다. 크리에이터가 되고 싶은 아이는 어쩌면 단순히 '유튜브에 나온 장난감을 가지고 노는 아이'처럼 장난감을 만져보고 싶은 호기심만 있을지도 모릅니다. 또는 엘사 드레스를 입어보거나 엄마 아빠와 병원놀이 역할극을 하는 아이를 부러워하고 있는지 모릅니다. 그저 가족과 행복한 시간을 보내고 싶은 마음일 거예요.

키즈 채널이면 교육 콘텐츠가 있어야 하나요?

키즈 콘텐츠를 기획하다보면 놀이나 먹방 등 재미있는 아이템만 생각날 수 있습니다. 대부분의 인기 영상은 재미 요소가 들어 있는 영상이기 때문이죠. 그러나 유튜브의 가이드라인이나 구독자층인 아이들을 생각한다면 교육 콘텐츠를 함께 만들어 올리는 것이 좋습니다. 이번에는 키즈 채널의 역할이라 할 수 있는 교육 콘텐츠 만드는 방법에 대해 알아보겠습니다.

#아이의 성장을 위한 #교육 콘텐츠 만들기 #교육 콘텐츠도 #재미있을 수 있다

키즈 채널에는 교육 콘텐츠가 필요해요

우리는 스마트폰으로 무엇을 할까요? 게임, 메신저 활용, SNS 활동, 유튜브 영상 시청, 인터넷 서핑 등 대부분 '소비'하고 즐기는 데 스마트폰을 사용합니다. 무언가를 배우기 위해 스마트폰을 사용하는 시간은 극히 짧습니다. 실제로 유튜브에서 '학습', '배우기' 등은 그리 인기 있는 키워드가 아닙니다. 하지만 부모가 아이에게 보여줄 영상을 찾을 때, 교육 콘텐츠는 힘을 발휘합니다. 그렇다면 키즈 채널 운영자는 어떤 콘텐츠를 만들어야 할까요? 아이는 재미 있는 콘텐츠를 찾고 부모는 교육적인 콘텐츠를 찾습니다. 콘텐츠 제작자인 라임파파 입장에서는 누구를 위한 영상을 만들어야 할까요?

실제 구독자인 아이들을 위한 재미있는 영상을 만들어야 합니다.

하지만 재미만 추구하는 영상만 만들면 부모님들에게 외면받을 수 있습니다. 아이에게 이런 영상을 보여주는 게 시간 낭비처럼 느껴지기 때문이죠. 그러면 더 이상 내 채널의 영상을 아이에게 보여주지 않을 겁니다. 그래서 라임파파는 재미와 정보가 함께 있는 에듀테인먼트(Edutainment)를 지향해야 한다고 생각합니다. 아직까지 우리나라에서는 교육에 대해 '공부'라는 측면만 생각합니다. 암기 위주의 학습을 강조하는 것이죠. 하지만 몸을 사용해 오감을 발달시키는 것도, 놀면서 균형 감각을 키우는 것도 모두 교육입니다.

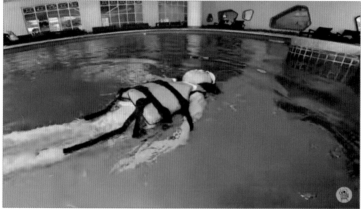

〈라임의 수영장 잠수 방법!〉_ 물을 무서워하는 아이들을 위해 잠수, 수영 방법을 소개해요.

다양하고 창의적인 교육 콘텐츠

미술 놀이를 통한 단어 학습, 영어 학습 등은 〈라임튜브〉가 꾸준히 만드는 콘텐츠입니다. 아이들은 영상을 통해 색을 배우고 영어 단어를 배웁니다. 유튜브 영상 보기는 눈과 귀를 사용하는 활동입니다. 따라서 영상을 제작할 때는 눈이나 귀로 접하는 것뿐 아니라 촉감이나 맛 등을 전하기도 합니다. 다양한 자극을 전달하는 것만으로도 교육 콘텐츠가 완성된답니다. 예를 들어 먹방 영상은 단순히 '먹기'에만 집중하는 것이 아니라 맛은 어떤지, 식감은 어떤지, 촉감은 어떤지 등을 전달합니다.

라임파파와 게임한 후 핫도그의 맛과 식감을 전달하는 라임이

여행지 정보나 가족과의 유대, 아이의 성장과 도전에 대한 내용도 잘 풀어내면 훌륭한 인성 교육 콘텐츠가 됩니다. 또한 아이가 다양한 체험을 하며 도전하는 모습을 보여주면 시청자인 아이들에게 긍정적인 에너지를 전달할 수 있습니다. 무서워하거나 두려워하는 모습이 아니라 일단 도전해보는 모습, 실패해도 주눅 들지 않는 모습을 보여준다면 '라임이도 하는데, 나도 해볼까?' 하는 생각을 할 수 있는 것이죠.

다양한 활동과 체험을 하는 라임이

건강한 에너지를 많은 사람에게 공유할 수 있다는 것. 이것이 좋은 콘텐츠가 가진 힘이며 〈라임튜브〉의 지향점이기도 합니다.

〈할아버지가 아파요〉_ 할아버지와 다정하게 앉아 이야기하는 라임이

〈9살 라임의 스카이다이빙〉_ 겁 없이 도전하는 라임이

라임파파's TALK 라임파파는 '어떤 시청자들이 〈라임튜브〉 채널에 와서 영상을 볼까?'에 대해 고민해본 적이 있습니다. 그렇게 고민하다보니 어떤 영상을 만들지 쉽게 떠올랐습니다. 다음과 같은 상황을 한번 고민해보세요.

① 공부하느라 바쁜 초등학생 대상-자투리 시간에 스낵 컬처로 즐길 수 있는 짧은 영상
② 미취학 아동들 대상-엄마 아빠가 집안일로 바쁠 때 잠깐 보여주는 스마트폰 영상

두 상황이 다르듯 만들 수 있는 콘텐츠도 달라집니다. 하지만 어떤 콘텐츠이든 가장 중요한 것은 재미와 정보(교육)입니다.

유튜브 가이드라인만 지키면 될까요?

유튜브 가이드라인을 지켰다 하더라도 놓치기 쉬운 것들이 있습니다. 키즈 크리에이터 채널, 키즈 콘텐츠를 만들면서 '아이가 재미있어 한다'는 이유로 유튜브 가이드라인의 부적합 요소와 아슬아슬하게 걸치는 아이템으로 콘텐츠를 만들 수도 있습니다. 이번에는 다양하고 구체적인 사례를 통해 주의를 기울여야 하는 콘텐츠에 대해 알아보겠습니다.

#아이가 좋아한다고 #다 되는 것은 아닙니다 #다양한 사례에 맞추어 #콘텐츠를 만들자!

아이들이 좋아하는 똥 이야기 조심하기

아이들은 '똥'과 관련된 이야기를 좋아합니다. 똥이나 방귀와 관련된 것이면 백이면 백 재미있어 합니다. 뿌웅, 뿌직, 뽀옹, 뿌앙 등 입으로 방귀 소리를 내면 꺄르르 웃으며 자지러집니다. 아이를 키우며 방귀 소리를 내보지 않은 분들은 없을 테지요. 특히 5~6세 아이들에게 똥 이야기를 하거나 방귀 소리를 내면 100% 빵 터집니다. 마트 장난감 코너를 돌아보면 배변 관련 장난감도 많습니다. 배변 교육용으로 만들어진 학습 교구도 있고요. 그렇다면 아이가 좋아하는 똥 콘텐츠를 만들면 어떨까요?

똥이나 방귀를 상상할 수 있도록 콘텐츠를 만드는 건 괜찮습니다. 배변 교육을 위한 동화나 좋은 배변 습관을 길러주는 콘텐츠도 좋습니다. 음식물이 입속에 들어가 장을 거쳐 소화되는 과정을 보여주는 교육적인 콘텐츠도 좋고요. 그러나 여기서 주의할 점이 있습니다. 영상에 직접 똥 이미지를 넣어서는 안 됩니다. 유튜브에서 권장하지 않습니다. 아이들이 좋아하는 소재라 해도 어떤 이들에겐 불쾌감을 줄 수 있는 콘텐츠가 될 수 있기 때문이죠. 조심해야 합니다.

저작권과 초상권 지키기

〈라임튜브〉 초창기에 〈세서미 스트리트〉에 나오는 '쿠키 몬스터'를 '파랑이'로 사용한 적이 있습니다. 앞서 아이가 재미있어 할 만한 인형 등으로 영상을 이끌어가도 좋다고 이야기했는데요. 그렇다면 영상에서 이런 장난감이나 인형을 사용하는 것은 아무런 문제가 없을까요? 아닙니다. 이러한 창작물은 2차 저작물에 해당합니다. 쿠키 몬스터는 〈세서미 스트리트〉의 고유 캐릭터이기 때문에 누군가 마음대로 사용한다면 원저작권자는 이를 신고할 수 있습니다. 저작권을 침해받았기 때문입니다. 저작권 표시를 제대로 한다 해도 영리 목적으로 2차 저작물을 만들면 이는 저작권을 위배한 것이 됩니다.

파랑이는 라임이의 친구 역할을 해야 하므로 영상에 꾸준히 등장해야 하는 상황이었습니다. 그래서 라임파파는 저작권을 침해하지 않도록 파랑이를 새롭게 제작했습니다. 장난감이나 게임, 캐릭터 인형 등도 마찬가지입니다. 원저작권은 장난감을 만든 회사나 애니메이션 회사, 게임 회사 혹은 실제 그 캐릭터를 만든 작가에게 있습니다. 그러므로 2차 저작물을 만들 때에는 저작권을 침해하지 않도록 해야 합니다.

초창기 쿠키 몬스터(ⓒ세서미 스트리트)

실제 제작한 파랑이

유튜브에 올라오는 키즈 콘텐츠를 보면 캐릭터 인형이나 장난감, 게임 등이 자주 등장합니다. 모두 저작권을 침해한 것일까요? 엄밀히 말해 저작권을 가진 자나 회사가 만든 영상이 아니라면 모두 2차 저작물로 인한 저작권 침해가 됩니다. 그러나 인기 있는 영상이나 채널에서 사용한 2차 저작물은 해당 장난감을 홍보해주는 '마케팅 정보'가 될 수도 있습니다. 따라서 이 점을 감안하여 저작권을 가진 회사나 작가가 문제를 제기하지 않습니다. 그러나 이때에도 주의해야 할 점이 있습니다. '고유의 이미지를 훼손'하면 안 된다는 점입니다. 게임의 경우에는 2차 저작물을 만들 수 없도록 조치한 것들도 많습니다. 따라서 잘 알아보고 리뷰하는 것이 좋습니다.

🍭 **라임파파's TALK** 키즈 채널을 보면 장난감이나 캐릭터가 지닌 고유의 이미지를 훼손하는 경우가 많습니다. 〈꼬마버스 타요〉의 '타요'가 교통사고를 유발한다거나 〈겨울왕국〉의 '엘사'가 임신을 하는 설정은 매우 충격적인 영상이지요. 이런 경우 원저작권자가 소송을 걸면 법의 심판을 받게 됩니다.

야외에서 영상을 찍다보면 오가는 사람들이 함께 찍힙니다. 그들에게 촬영에 대한 동의를 얻었다면 괜찮지만, 그렇지 않다면 초상권에 저촉됩니다. 따라서 해당 인물에게 사전 동의를 받아야 하고, 그렇지 못한 경우에는 누군지 알아볼 수 없도록 블러 처리(대상을 흐릿하게 표현하기)를 해야 합니다. 이야기 전개상 꼭 출연해야 하는 사람이라면 당사자에게 꼭 촬영 동의(허락)를 받아야 하며, 출연자가 어리다면 보호자의 허락도 받아야 합니다. 출연 분량에 따라 출연 동의서 등을 작성해두는 것도 좋습니다.

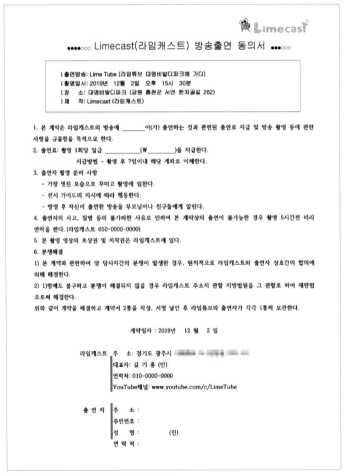

〈라임튜브〉 촬영 시 사용하는 촬영 동의서 샘플

문화적 차이, 절대 안 되는 아이템도 있다

아이들은 도장 찍기 놀이를 참 좋아합니다. 도장 장난감으로 벽이나 손등, 얼굴에 도장을 찍으며 놀곤 하지요. 도장 찍기는 촉감 놀이 중 하나로 어린이집이나 놀이 학교에서 많이 진행하는 교육 콘텐츠입니다. 그렇다면 물감 등을 어린이 손이나 발에 묻혀준 후 도장 찍기 놀이를 하는 건 어떨까요? 교육적인 콘텐츠일 것 같지만 해서는 안 되는 아이템입니다. 이는 '아이의 신체에 무언가를 바르거나 훼손하는 행위'이므로 아동 학대의 범주에 포함될 가능성이 있기 때문입니다. 이러한 영상을 업로드한다면 영상이 삭제되거나 채널에 패널티가 부여될 수 있습니다.

유튜브는 아동 보호 차원에서 키즈 채널의 가이드라인을 점차 강화하고 있습니다. 특히 2019년은 전 세계적으로 키즈 채널이 급성장한 시기이다보니 아동 학대로 비춰질 수 있는 아이템에 대해서는 매우 엄격한 기준을 세워 적용하고 있습니다. 〈라임튜브〉도 전에는 물감을 가지고 놀며, 영어로 '핑거송'을 부르는 콘텐츠를 만들기도 했습니다. 이때가 2017년이었는데요. 그 당시 매우 인기 있는 콘텐츠였지만, 지금은 가이드라인에 위배되는 영상입니다.

이 영상은 2017년 제작 당시에는 유튜브에서 허용되는 영상이었지만 지금은 그렇지 않습니다.
시대에 따라 가이드라인이 바뀌니 가이드라인을 철저히 숙지해야 합니다.

라임파파's TALK 아이 스스로 제 몸에 물감을 묻힌 후 스케치북에 그리며 노는 것은 어떨까요? 물감 놀이이니 괜찮을 거라 생각할 수도 있습니다. 그러나 자칫 가이드라인에 위배될 수도 있으므로 해당 아이템으로 콘텐츠를 만드는 일은 없어야 합니다. 아이를 위한 키즈 콘텐츠는 조심, 또 조심해야 합니다.

이쯤 되면 '도대체 왜?'라는 물음표가 머릿속에 떠오를 수 있습니다. 현재 유튜브의 정책은 아동 보호에 매우 엄격합니다. 다양한 키즈 콘텐츠가 생산되다보니 여러 가지 이슈가 발생했고 유튜브는 다양한 사례를 통해 아동 보호 관련 가이드라인을 개선하고 있지요.

새로 만들어진 영상이 유튜브에 업로드되면 우리나라에서만 보는 게 아니라 전 세계 여러 나라의 아이들이 시청하게 됩니다. 그러므로 문화에 따른 차이도 유념하며 키즈 콘텐츠를 만들어야 합니다. 인도에서는 손으로 밥을 먹고, 태국에서는 다른 사람의 머리를 쓰다듬지 않습니다. 러시아에서는 엄지손가락을 치켜 세우면 동성애자를 의미하고, 이탈리아에서는 자신의 귀를 만지면 상대를 모욕하는 행동이라 생각합니다. 반면 우리나라에서는 오른손, 왼손 가리지 않고 수저로 밥을 먹습니다. 아이를 칭찬할 때에는 머리를 쓰다듬어주고 멋지다며 엄지손가락을 치켜 세우기도 합니다. 이처럼 나라마다 관습이 다르고 문화가 다르므로 우리나라에서 통용되는 문화만 생각하면 안 됩니다. 우리나라 기준이 아닌 글로벌 기준으로 영상을 만들어야 합니다.

아이가 거짓말을 하거나 지갑에서 돈을 훔치는 등의 자극적인 영상은 어떨까요? 당연히 안 되겠죠. 이런 경우는 영상 출연자인 아이가 나쁜 행동을 강요받고 학대받는 상황입니다. 유튜브에서도 이와 같은 영상 콘텐츠를 걸러내기 위해 더욱 정교한 가이드라인 기준을 만들고 있습니다. 혐오스러운 음식, 아이가 먹기 불편해하거나 먹기 싫어하는 음식을 먹는 영상은 어떨까요? 아이가 그 음식을 먹고 있다 하더라도 이 또한 학대로 볼 수 있습니다.

보는 사람에게 불쾌감을 주는 영상도 안 됩니다. 치마를 들추거나 속옷을 보여주는 모습, 성행위나 유사 성행위처럼 느껴지는 영상 연출, 성적인 이야기 등 성적 요소가 가미되어도 안 됩니다. 유튜브는 만 14세 이상이 가입하여 이용하는 공간이다보니, 콘텐츠를 만들 때 성인들이 볼 법한 자극적인 콘텐츠를 차용해 영상을 만들어 조회수를 올리고 싶다는 생각을 할 수도 있습니다. 그러나 영상을 만들기 전에 항상 생각해야 합니다. 구독자수와 조회수에 절대 현혹되지 마세요.

리앤파파's TALK 왜 유튜브를 하려는지, 왜 키즈 콘텐츠를 만들려고 하는지 생각해보세요. '내가 만드는 영상 콘텐츠를 우리 아이가 봐도 괜찮을까?'라는 생각을 해보고 안 좋은 것을 따라 배울 만한 콘텐츠는 절대 만들지 마세요. 돈만 많이 벌고 싶은가요? 아이에게 최고의 가치가 돈이라고 가르치고 싶은가요? 먼 훗날 내 아이가 자신이 출연한 영상을 보며 어떤 생각을 하게 될지 생각해보세요. 아이와 부모가 함께 가치 있다고 느끼는 영상을 만들기 바랍니다. 그래야만 다른 아이들과 부모에게 공감을 얻고 자연스럽게 수익도 생길 것입니다.

QUESTION 05

MCN에 가입해야 하나요?

연예인들이 기획사에 소속되어 활동하는 것처럼 크리에이터도 MCN에 가입하는 게 좋을까요? 크리에이터를 두고 1인 미디어라고 말하는 이유는 유튜브 채널을 활용해 콘텐츠를 만들어가는 데 필요한 모든 것을 혼자 감당해야 하기 때문입니다. 이번에는 키즈 크리에이터와 MCN의 관계에 대해 알아보겠습니다.

#DIA TV, 샌드박스 네트워크 #키즈 크리에이터라면 #MCN 가입을 추천? #혹은 비추천?

MCN이 뭐예요?

스타가 될 인재를 발굴, 육성, 관리하는 엔터테인먼트 기획사가 있듯 크리에이터를 발굴, 육성, 관리하는 회사가 있습니다. MCN(Multi Channel Network)이라 불리는 회사로, 우리가 흔히 알고 있는 DIA TV, 샌드박스 네트워크, 트레져헌터 등의 회사가 바로 MCN입니다.

MCN에서 채널을 분류하는 구조는 피라미드 형태를 띱니다. 천만 구독자를 가진 대형 크리에이터를 필두로 하여 그 아래에 100만, 50만, 1만 구독자… 등으로 점점 넓어지는 구조이지요. 전 세계적으로 볼 때 100만 구독자를 가진 크리에이터는 매우 '평범한' 축에 속합니다. 지금 막 유튜브를 시작했다면 '구독자가 10만 명만 되어도 좋겠다!'라고 생각하겠지만, 실제 10만 구독자는 매우 적은 수치입니다. 그러나 키즈 콘텐츠를 업로드하며 한 명 한 명 구독자수가 올라가고 그들과 소통한다면 한 명이든 열 명이든, 백 만이든 천 만이든 모두가 소중합니다.

> **라임파파's TALK** 2019년 DIA TV 신년회에서 〈라임튜브〉는 다음과 같이 소개되었습니다. "백 만 구독자를 가진 평범한 가족" 라임파파는 구독자수에 연연해하기보다 구독자들과 소통하며 좋은 콘텐츠를 만들어가는 것을 더 중요하게 생각합니다.

MCN 가입은 온전히 개인의 선택입니다. 'MCN에 가입하면 내 채널을 키워주겠지?' 혹은 '마케팅도 해주고 여러 채널과 콜라보도 할 수 있게 해주겠지?'라는 생각으로 MCN에 가입한다면 크게 실망할 겁니다. 그러나 유튜브 채널 운영이나 콘텐츠 제작이 서툰 초심자로서 작은 도움이라도 필요한 상황이라면 MCN 가입을 고려해볼 수 있습니다.

MCN 계약 조건과 성향은 회사마다 다릅니다. DIA TV는 CJ ENM 계열사로 다양한 분야에서 활동하는 수많은 크리에이터가 가입되어 있습니다. 매년 다이아 페스티벌을 열어 팬과의 만남을 주선하고 케이블 TV 쇼를 배급하는 등 다양한 활동을 합니다. 샌드박스 네트워크와 트레져헌터는 게임 분야에 특화되어 있습니다. 역시 다양한 키즈 크리에이터들이 활동하고 있습니다. 이 세 회사는 우리나라를 대표하는 MCN이라 많은 크리에이터가 함께 일하고 싶어 합니다.

| DIA TV | 샌드박스 | 트레져헌터 |

TIP 이미 채널을 운영하고 있다면 MCN에서 먼저 '가입 권유' 연락이 올 수도 있습니다. 아직 채널을 만들지 않았거나 채널을 운영하고 있지만 MCN에서 연락이 오지 않았다면 MCN에 가입 신청서를 보내 가입 희망 의사를 전달하면 됩니다.

MCN에 가입하면 좋은 점 다섯 가지

MCN은 우리가 알고 있는 엔터테인먼트 기획사와 조금 다릅니다. 계약자(키즈 콘텐츠 제작자)가 계약금을 받고 MCN과 갑을 관계로 일을 진행하지 않습니다. 1:1 매니지먼트와도 거리가 멉니다. 가입 조건은 MCN마다 다르지만 가입하면 다음과 같은 장점이 있습니다.

하나. 공유 스튜디오를 무료로 사용할 수 있습니다

창작 공간이 따로 없다면 MCN의 촬영 스튜디오를 무료로 빌려 사용할 수 있습니다. 키즈 콘텐츠는 대부분 제작자의 집에서 촬영하는데, 콘텐츠의 콘셉트에 따라 다양한 공간, 소품이 필요할 수도 있습니다. 이때 MCN에서 제공하는 스튜디오를 활용해 원하는 콘텐츠를 제작할 수 있습니다. 스튜디오에는 크로마키 촬영 공간과 녹음 부스는 물론 조명, 카메라 등의 촬영 소품이나 장비 등이 구비되어 있습니다. 따라서 개인이 따로 비용을 들여 장비를 구입하거나 대여해야 하는 부담을 줄일 수 있습니다. 〈라임튜브〉도 초기에 '라임의 그림일기(단편영화)' 콘텐츠를 제작할 때 공유 스튜디오를 여러 번 사용했습니다.

DIA TV 스튜디오(출처 : DIA TV 홈페이지)

둘. 전문적인 교육을 받을 수 있습니다

대부분의 부모님은 영상 편집 전문가가 아닙니다. 따라서 관련 도서나 온·오프라인 교육 등을 통해 영상 제작과 편집에 대해 공부합니다. 그러나 MCN에 가입하면 촬영, 조명, 편집 등 키즈 콘텐츠 제작에 필요한 영상 관련 교육을 받을 수 있습니다.

유튜브 팬페스트 아카데미 교육 현장

셋. 다른 채널과 정보를 공유하고 콜라보 영상을 제작할 수 있습니다

MCN에는 다양한 크리에이터가 소속되어 있으므로 다른 채널의 크리에이터와 만날 수 있는 기회가 잦습니다. 자연스럽게 정보를 공유할 수 있고, 더 나아가 소속 크리에이터와 콜라보 영상을 제작할 수도 있습니다. 실제 콜라보는 비슷한 수준의 구독자를 보유한 크리에이터끼리, 혹은 동일한 카테고리를 가진 채널끼리 이루어집니다. 2016년부터 2018년까지는 유튜브에서 주최하는 정식 교육 행사가 있어 주요 정보를 얻기 쉬웠습니다. 그러나 2019년부터는 유튜브에서 주최하는 오프라인 교육이 사라져 MCN을 통해 주요 정보를 얻고 있습니다.

> **TIP** 유튜브에서는 유튜브 채널 만들기부터 콘텐츠 전략, 동영상 제작, 채널 성장 등 크리에이터에게 필요한 정보를 온라인 강의로 제공합니다. 유튜브 크리에이터 아카데미(https://creatoracademy.youtube.com/page/home)를 통해 다양한 교육과정을 살펴보고 강의를 활용할 수 있습니다.

넷. 전담 담당자를 통해 수익, 정산, 저작권 이슈 등에 관한 도움을 받을 수 있습니다

유튜브 채널을 운영하다보면 궁금한 게 한둘이 아닙니다. 영상 제작이나 업데이트 일정에 대한 기본적이고 사소한 궁금증부터 수익이나 정산 등 세무적인 부분까지 알아야 할 분야의 폭이 넓습니다. 이때 전담 담당자를 통해 궁금증을 해소할 수 있습니다. 전담 담당자는 크리에이터와 MCN 사이에서 창구 같은 역할을 하므로 자주 커뮤니케이션하며 의견을 주고받을 수 있습니다. 게다가 영상이나 음원의 저작권 이슈가 생겼을 때에도 법률적인 도움을 받을 수 있습니다.

다섯. 브랜디드 콘텐츠를 만들 수 있습니다

MCN은 여러 크리에이터를 보유한 소속사로 볼 수도 있습니다. 따라서 홍보나 마케팅이 필요한 기업 혹은 업체가 MCN을 통해 광고나 협찬 등을 제안하면 브랜디드 콘텐츠를 제작할 가능성이 높아집니다. MCN과 기업 간 계약이 이루어지면 콘셉트에 맞는 채널 혹은 크리에이터가 브랜디드 콘텐츠를 만들게 되지요. MCN에 가입하지 않아도 브랜디드 콘텐츠 제작 제안이 들어올 수 있습니다. 그러나 개인 차원에서 기업과 계약을 맺는 경우, 기업의 요청 사항과 수정 과정 등을 생각한다면 꽤 벅찬 일일 수밖에 없습니다.

> **TIP** 브랜디드 콘텐츠(Branded Contents)란 콘텐츠 안에 자연스럽게 브랜드 메시지를 녹이는 마케팅 방법에 따라 구성된 콘텐츠를 말합니다. 다양한 문화적 요소와 브랜드 광고 콘텐츠를 결합하여 "나 지금 광고 중이에요!"라고 말하지 않으면서도 자연스럽게 브랜드 메시지를 보여줍니다. 여기서 중요한 것은 '자연스럽게'입니다. 브랜디드 콘텐츠는 광고인듯 광고 아닌 광고 콘텐츠를 보여줍니다.

이외에도 MCN은 크리에이터를 대표하는 굿즈를 만들어주거나 마케팅을 대행해주고, 큰 행사나 이벤트를 기획해서 크리에이터와 구독자들 사이에 소통의 장을 만들어주기도 합니다. 그러나 이 모든 혜택을 MCN에 소속된 시점부터 다 똑같이 받을 수는 없습니다. MCN에서는 유명 크리에이터 위주로 마케팅이 이루어지기 때문입니다. 대형 크리에이터가 되어서야 받을 수 있는 혜택도 있습니다.

 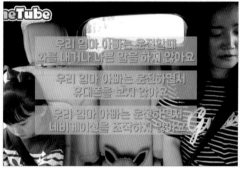

〈라임튜브〉와 포드의 브랜디드 콘텐츠

MCN 없이도 잘할 수 있어요

앞서 설명한 내용만 보면 꼭 MCN에 가입해야 할 것 같은데요. 정말 그럴까요? 사실 MCN에 가입하여 활동하는 크리에이터는 모두 대형 크리에이터입니다. 유명하지 않거나 영상 콘텐츠가 적은 크리에이터는 MCN 가입이 쉽지 않을 수도 있습니다. 처음부터 MCN에 가입해야만 채널을 운영할 수 있는 것도 아니고요. 다시 말해, MCN에 가입하지 않아도 채널을 운영할 수 있습니다.

MCN에 가입했을 때의 장점 중 하나가 '공유 스튜디오 무료 사용'이라고 했습니다. 이 장점을 잘 활용하면 좋지만 '그림의 떡'이 될 수도 있습니다. 스튜디오는 모두 서울에 있어 다른 지역에 산다면 접근성이 떨어집니다. 또한 여러 크리에이터가 함께 사용하므로 내가 원하는 일정으로 예약을 잡기도 힘듭니다. 특히 아이가 어리다면 아이의 컨디션에 따라 촬영 진행 여부가 좌우되므로 자주, 활발히 사용하기가 생각보다 쉽지 않습니다.

저작권과 관련된 문제도 마찬가지입니다. MCN 가입 유무와 상관없이 저작권이 있는 유료 저작물을 사용하면 저작권법에 저촉됩니다. 따라서 무료 음원과 이미지를 사용해야 합니다. 물론 MCN에 가입하면 MCN에서 배포하는 무료 음원 등을 사용할 수 있습니다. 그러나 MCN 해약 시 음원에 대한 로열티 문제가 발생할 수 있으니 잘 알아보고 사용해야 합니다.

> **TIP** 음원과 이미지는 유·무료를 막론하고 사용할 수 있는 범위가 정해져 있습니다. 이를 잘 알아보고 사용해야 합니다. **MCN**에서 제공하는 음원도 업체마다 사용 규정이 다르니 꼭 잘 알아보고 사용합니다.

MCN과의 계약은 비정상적이거나 불공정하지 않습니다. 다만, 천천히 알아보고 MCN이 필요한 요소라는 확신이 설 때 가입하는 것이 좋습니다. MCN 가입이 유튜브 시작 시점에 중요한 포인트는 아닙니다. 유튜브 라이프를 시작하기로 했다면, 키즈 콘텐츠를 만들기로 마음먹었다면 세계 최고 기업인 구글과 파트너로 일하게 되었다는 자부심을 가져도 됩니다.

> **라임파파's TALK** MCN에 가입했든, 가입하지 않았든 유튜브 채널을 만들었다면 적극적으로 채널을 운영해야 합니다. MCN은 채널을 대신 운영해주지 않습니다. MCN에 대한 기대가 높으면 실망이 클 겁니다. 적정한 수준에서 MCN과 상생한다고 생각해야 합니다. 맹목적으로 'MCN이 모든 걸 해줄 거야'라며 기대하지 말고 '내 채널은 내가 운영한다'라는 마음가짐으로 채널을 운영하는 것이 좋습니다.

장난감 협찬을 받고 싶어요

키즈 콘텐츠 중에서 가장 많은 수를 차지하는 것이 장난감 리뷰 영상입니다. 매번 같은 장난감으로 영상을 찍을 수도 없고, 그렇다고 매번 새로운 장난감을 살 수도 없는 노릇입니다. 장난감을 협찬 받아 콘텐츠를 만들 수 없을까요? 이번에는 키즈 콘텐츠를 만들면서 만나게 되는 '협찬'에 대해 알아보겠습니다.

#키즈 크리에이터 #협찬 받을 수 있을까? #장난감이나 #키즈 카페

협찬? 첫술에 배부를 수 없다

키즈 콘텐츠 중에서 가장 접근하기 쉬운 것이 '장난감 리뷰'입니다. 새로운 장난감을 구입한 뒤 언박싱 영상을 만들거나 장난감으로 놀이하는 영상을 만드는 것이지요. 그러나 매번 같은 장난감으로 영상을 찍을 수도 없고, 매번 새로운 장난감을 살 수도 없습니다.

키즈 카페에 가서 재미있게 노는 콘텐츠도 쉽게 접근할 수 있는 콘텐츠입니다. 키즈 카페 내부는 각각 다른 콘셉트로 구성되어 있으므로 장소에 대한 설명도 덧붙이면서 아이가 신나게 뛰어노는 영상을 만들 수 있지요. 그러나 키즈 카페에 갈 때마다 입장료를 지불해야 하고 카페 책임자에게 촬영 동의를 얻어야 합니다. 이런 번거로운 과정을 꼭 거쳐야 할까요?

키즈 카페에서 진행한 〈라임튜브〉 팬미팅

키즈 콘텐츠를 만드는 많은 부모님들이 싫든 좋든 만나게 되는 상황이 바로 '협찬 의뢰'입니다. 키즈 크리에이터 시장이 커지면서 키즈 관련 산업도 매우 발전했습니다. 키즈 콘텐츠를 만들고 운영하다보면 비즈니스 메일을 받게 됩니다. 장난감이나 의류, 장소, 음식 등 다양한 상품에 대한 협찬 의뢰이지요.

> **라임파파's TALK** '협찬'을 나쁘게 볼 수는 없습니다. 기업은 상품 홍보를 목적으로 키즈 채널에 의뢰하고 키즈 채널은 다양한 상품을 소개할 수 있으므로 서로에게 도움이 된다고 볼 수 있습니다. 그러나 무작정 '협찬만 받고 보자'는 식이라면 곤란합니다. 협찬 받을 때도 해당 상품이 우리 채널과 잘 맞는지, 아이는 좋아하는지 등을 확인해야 합니다.

그러면 어떻게 해야 협찬을 받을 수 있을까요? 또는 어떻게 해야 협찬을 제대로 활용할 수 있을까요? 먼저 이 점은 꼭 알아두어야 합니다. 기업에서 볼 때 마케팅이나 홍보에 적합하지 않은 채널이면 협찬을 의뢰하지 않습니다. 따라서 우리 아이가, 혹은 채널이 협찬을 제대로 활용할 수 있는 수준인지 확인하는 것이 중요합니다. 그런 다음 협찬과 관련된 영상을 지속적으로 찍습니다. 장난감이라면 특정한 장난감(여아라면 여아들이 가지고 놀 장난감, 남아라면 남아들이 가지고 놀 장난감)을 가지고 노는 콘텐츠를 만들어야 합니다. 장난감과 관련된 카테고리(재생 목록)를 만드는 것도 좋은 방법입니다. 키즈 카페에 가서 노는 모습을 영상에 담은 콘텐츠를 꾸준히 만든다면 자연스럽게 협찬 의뢰를 받을 수도 있습니다.

아이가 좋아하고 즐기는 곳에 가 촬영합니다.

채널을 만들고 영상을 올렸다고 해서 처음부터 협찬 의뢰가 들어오지는 않습니다. 그리고 협찬에 너무 목매는 것도 좋지 않습니다. 협찬은 키즈 콘텐츠를 만드는 데 도움이 되는 플러스 요인일 뿐입니다.

협찬보다는 아이가 좋아하는 장난감으로

〈라임튜브〉가 처음 시도한 콘셉트는 장난감 리뷰였습니다. 라임이가 장난감을 가지고 재미있게 노는 모습에 구독자들의 반응도 좋았지요. 처음에는 라임이가 직접 가지고 놀던 장난감으로, 다음엔 주변 지인들에게 얻은 장난감으로 리뷰를 했습니다. 그러면서 장난감 시장을 둘러보고 필요한 장난감을 직접 구입하기도 했고 재활용 더미에서 유용한 장난감을 찾기도 했습니다. 요즘은 해외 직구를 통해 장난감을 구입합니다.

> 🍭 **라임파파's** **TALK** 초등학생이 된 라임이는 예전에 비해 장난감을 가지고 노는 횟수가 급격히 줄었습니다. 그래서 장난감을 이용한 콘텐츠를 예전만큼 많이 만들지는 않습니다.

〈라임튜브〉를 운영하며 라임파파도 다양한 협찬 의뢰를 받았습니다. 그러나 들어오는 협찬 의뢰에 모두 응하지는 않습니다. 라임이가 좋아하는 장난감이나 상품, 장소가 아닐 경우에는 거절하죠. 기업은 신제품을 홍보하기 위해 상품 리뷰를 의뢰합니다. 협찬은 상품을 무상으로 제공해주는 게 아니라 리뷰 목적으로 제공해주는 것이기 때문이죠. 기업은 팔아야 하는 상품을 협찬합니다. 그러나 아이가 협찬 상품을 좋아할 수도 있고 좋아하지 않을 수도 있습니다. 아이가 좋아하지 않는 상품이란, 정확히 말하면, 아이가 나중에 좋아할 수도 있지만 현재 시점에서 좋아하지 않는 상품을 말합니다.

잘 팔리고 인기 있는 상품은 협찬 받기 어렵습니다. 기업 입장에서는 잘 팔리는 상품에 추가 비용을 쓸 필요가 없기 때문입니다. 그래서 라임파파는 콘텐츠를 만드는 시점에 아이들이 좋아하는 상품을 리뷰합니다. 비용을 들여 장난감을 사고 장소를 섭외합니다. 그리고 〈라임튜브〉 구독자들에게 꼭 보여주고 싶은 장소나 경험이 있다면 과감하게 투자합니다. 우리 아이가 좋아하는 것, 구독자들이 좋아하는 것을 만들어야 합니다. 협찬만 기다리면 양질의 콘텐츠를 만들 수 없습니다.

추석특집 333,333명 기념 라임튜브 이벤트 장난감을 쏩니다!
LimeTube & Toy | puppet show
Lime Tube[라임튜브] · 조회수 29만회 · 3년 전
♥Lime Tube[라임튜브]구독▶ http://goo.gl/DEoCmr ◀Subscribe our channel♥ 오늘은 라임이가 추석 명절을 맞아 유치원에서 송편을 ...

요괴워치 장난감 이벤트 결과 발표 영상 [라임튜브]
Lime Tube[라임튜브] · 조회수 6.6천회 · 4년 전
라임튜브 무료 구독(SUBSCRIBE) : http://goo.gl/DEoCmr 요괴워치 장난감 영상안에 숨은 이벤트에서 진행했던 댓글 이벤트 '이름 ...

〈라임튜브〉 장난감 이벤트

이렇게 구입한 장난감이나 협찬 받은 장난감은 어떻게 처리할까요? 아마 영상에 등장한 모든 장난감을 아직까지 갖고 있다면 집에 발 디딜 틈도 없을 겁니다. 라임파파는 영상 촬영에 활용한 장난감을 모두 '나눔'하고 있습니다. 〈라임튜브〉 영상 중 '나눔 이벤트' 태그가 붙은 영상은 촬영에 사용한 장난감을 구독자에게 선물로 전달하는 구독자 이벤트 영상입니다. 또 장난감을 가지고 놀 만한 어린아이가 있는 지인에게 선물하기도 합니다. 혹은 장난감을 모아 두었다가 어린이집이나 아동 양육 시설에 보내고 해외 봉사를 통해 기부하기도 합니다.

영상에 등장한 장난감은 좋은 곳에 다시 쓰일 수 있게 '나눔'하고 있습니다. DIA TV 크리에이터들과 함께 방문한 은평천사원

〈라임튜브〉는 DIA TV에 소속되어 있으므로 CJ ENM과 함께 기부마켓(Give&Market)을 통한 나눔 행사에 참여하고 있습니다. 키즈 크리에이터라고 하면 단순히 놀기만 한다고 생각할 수 있는데요. 라임파파는 〈라임튜브〉를 운영하면서 라임이가 재미있어 한 장난감을 필요한 아이들에게 나누는 일에 큰 기쁨을 느끼고 있답니다.

2016년 기부마켓의 나눔 행사에 참여한 라임이(ⓒ아주경제)

LIME GALLERY

▲ 이제는 뛰어다니며 촬영하는 라임이

◀ 라임파파도 열심히 촬영한답니다.

▲ 라임이가 뽀뽀를 잘 보살펴요.

▲ 라임이는 강아지를 무서워하지 않아요.

LIME
GALLERY

▲ 라임이가 크리에이터 애니한과 구연동화를 함께 진행합니다.

▲ 초등학교에서 강의하는 라임파파

▲ 라임파파는 라임이 친구들과도 잘 어울립니다.

▲ 라임이가 좋아하는 '신비'

▲ 라임이를 응원하는 라임맘&라임파파

▲ 라임이가 카메라를 잡고
촬영해요.

▲ 라임이가 패러글라이딩에 도전했습니다.

PART

04

실전! 촬영부터 편집,
채널 운영까지
<라임튜브> 따라 하기

지금까지 우리 아이가 키즈 크리에이터가 될 수 있도록 가이드하고 가족이 행복한 키즈 콘텐츠를 만들기 위해 알아야 할 것, 준비해야 할 것들을 살펴보았습니다. 본격적으로 뛰기 전에 기본적인 준비운동을 한 셈이죠. 이제 이론을 익혔다면 실전에 돌입해야 합니다. 직접 촬영하고 편집하여 동영상 콘텐츠를 만들어야 합니다.

PART 04에서는 앞서 생각해본 콘셉트나 주제에 맞추어 영상을 촬영하고 편집하는 방법부터 유튜브에 키즈 채널을 만들고 운영하는 방법까지 알아보겠습니다.

촬영에 필요한 장비를 알려주세요

이제 본격적으로 키즈 콘텐츠를 만들기 위한 촬영을 시작해보겠습니다. 영상을 찍으려면 디지털카메라나 캠코더, 조명, 마이크 등이 필요한데요. 처음부터 값비싼 장비를 구입할 필요는 없습니다. 여기서는 촬영에 필요한 장비와 장비를 활용하는 방법을 알아보겠습니다.

#스마트폰만 있으면 #우리 모두 #촬영 제작자가 #됩니다!

주머니에서 쏙 꺼내 바로 촬영하는 스마트폰이 최고!

최근 유튜브 크리에이터들은 스마트폰으로 간단한 영상을 찍기도 합니다. 사진 찍듯 동영상 촬영 버튼만 터치하면 아주 쉽게 고화질 영상을 촬영할 수 있기 때문이죠. 요즘 출시되는 스마트폰은 동영상을 촬영할 때 밝기나 화이트밸런스를 조정할 수 있고 줌 인/아웃 기능도 탁월해졌습니다.

스마트폰 카메라의 촬영 기능은 점점 발전하여 디지털카메라의 기능을 뛰어넘기도 합니다. 최근 스마트폰 카메라의 해상도를 보면 FHD(Full HD, 1920×1080)는 기본이고 UHD(Ultra HD, 4K, 3840×2160)급까지 올라왔습니다. 최근 출시된 갤럭시노트10플러스의 해상도는 WQHD+(3040×1440)로, 아주 높은 수준의 고화질 영상을 촬영할 수 있습니다. 웬만한 고급 디지털카메라가 부럽지 않죠. 대부분의 부모님들이 쓰는 스마트폰(아이폰7, 갤럭시S8, LG G6 이상 기종)으로 모두 높은 품질의 동영상을 촬영할 수 있습니다.

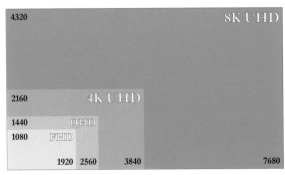

해상도 크기 비교

TIP 해상도(Resolution)는 영상의 크기(프레임 사이즈)를 말합니다. 정확하게 표현하면 디지털 이미지를 구성하고 있는 작은 점(Pixel)의 개수를 뜻합니다. 해상도는 화질과 선명도에 큰 영향을 끼칩니다. 따라서 해상도가 높을수록 화질이 좋고 해상도가 낮을수록 화질이 좋지 않습니다. 유튜브의 영상 품질(화질, 해상도) 선택 옵션에는 4K(2160픽셀)와 HD(1440, 1080, 720픽셀)가 있습니다. 현재 시청용으로 가장 많이 사용하는 해상도는 1080픽셀이며, 최소 720픽셀 이상으로 설정해야만 선명한 영상을 볼 수 있습니다.

TIP 해상도만큼 중요한 것이 프레임(Frame)입니다. 프레임은 영상을 구성하는 단위로 fps(frame per second : 초당 프레임)로 표시합니다. 30fps는 1초에 30프레임으로 구성된 영상이란 의미입니다. 대부분 30fps를 설정하며 프레임이 높아질수록 고해상도의 부드러운 영상이 만들어집니다.

아이폰X 해상도 설정 화면. 스마트폰에서 4K 촬영까지 가능합니다.

스마트폰 촬영은 아이를 촬영할 때 빛을 발합니다. 순간 포착 영상을 쉽게 잡아낼 수 있기 때문인데요. 말 그대로 '가볍고 짧은 순간'을 '자주' 담을 수 있습니다. 아이와 함께 시간을 보내다 보면 갑자기 카메라를 들이대야만 하는 상황이 생깁니다. 아이와 함께 마트에 갔을 때, 아이가 태어나 처음 보는 음식을 먹을 때, 아이가 오락실에서 뽑기를 할 때, 아이가 좋아하는 캐릭터 솜사탕을 먹을 때, 아이의 흔들리는 이를 뽑을 때 등 아이의 생활 속 모든 경험이 영상 소재가 됩니다.

스마트폰으로 라임이를 촬영합니다.

달콤하고 행복한 시간을 보낼 때, 몸과 마음이 자라는 경험을 할 때 아이의 표정에는 생동감이 넘칩니다. 갑자기 다가오는 이런 순간 하나하나가 최고의 촬영 소재입니다. 이때 필요한 것은 순발력입니다. 주머니에서 잽싸게 핸드폰을 꺼내 즉흥적으로 촬영하는 겁니다. 사진이 아닌 영상으로 말이죠!

라임파파's **TALK** 부모님은 이런 상황에서 사진을 찍는 경우가 많을 겁니다. SNS에 업로드하거나 아이의 성장 앨범을 제작(사진 인화)하기 위해, 그 상황을 추억으로 남기기 위해 사진을 '찰칵'하는 것이지요. 그러나 잠시 생각해보세요. 사진보다는 영상이 추억으로 남기기에 훨씬 좋습니다. 정지된 형태보다 움직이는 모습이 훨씬 더 생생하니까요. 단, 스마트폰 용량을 생각하며 촬영해야겠죠?

"라임아, 맛이 어때?"
"지금 느낌이 어때?"

아이에게 지금 어떤 기분인지 물어보는 것으로 족합니다. 이런 장면을 길게는 10분, 짧게는 5분 정도 촬영합니다. 이런 촬영을 할 때 고급 DSLR 카메라나 조명, 마이크 같은 건 필요하지 않습니다. 간단한 키즈 콘텐츠 영상을 촬영하기 위해 고가의 장비를 구매할 필요는 없습니다. 주머니나 가방에 넣고 다니는 스마트폰이 가장 좋은 촬영 장비입니다. 쉽게 휴대할 수 있고 언제 어디서나 바로 꺼내 촬영할 수 있기 때문이죠. 그러나 콘텐츠에 따라 스마트폰이 아닌 다른 카메라나 장비가 필요할 수도 있습니다.

상황에 맞는 촬영 장비 알아보기

캠코더

라임파파는 〈라임튜브〉 콘텐츠를 촬영할 때 스마트폰을 자주 사용합니다. 그다음으로 자주 사용하는 것이 캠코더입니다. 여행을 주제로 한 영상을 촬영할 때는 스마트폰보다 캠코더가 좀 더 나은 결과물을 만들어줍니다. 캠코더는 줌 기능이 매우 탁월합니다. 예를 들어 라임이가 스키를 타거나 짚라인을 탈 때 카메라를 든 라임파파와 멀리 떨어져 있는 경우가 많은데, 줌 기능이 있는 캠코더를 사용하면 작은 표정까지도 잘 잡을 수 있어 활용하기 좋습니다. 또 캠코더는 배터리 용량이 큰 편이라 하루 종일 들고 다닐 수 있습니다.

〈라임튜브〉의 영상을 촬영할 때는 라임맘이 들고 있는 캠코더를 사용합니다.

무선 와이어리스 마이크

키즈 카페나 놀이공원처럼 주변 소음이 잘 들리는 공간이나 음악을 틀어놓는 곳에서 촬영하면 아이의 말소리가 다른 소리에 묻힙니다. 특히 스마트폰 카메라나 캠코더 카메라의 내장 마이크를 사용하면 주변 소음이 함께 녹음되어 아이의 말소리가 제대로 녹음되지 않습니다. 이럴 때는 무선 마이크를 사용하는 것이 좋습니다. 그러면 주변 소음은 작게, 아이의 말소리는 또렷하게 녹음돼 생생한 육성을 담아낼 수 있습니다.

라임이 손에 잡히는 무선 마이크

액션캠(고프로)

라임파파는 액션캠도 잘 사용합니다. 액션캠은 여행지에서 특히 유용한데요. 주로 라임이 옆에서 걷고 뛰며 라임이의 행동을 촬영할 때 사용합니다. 액션캠 중 주머니에 쏙 들어가는 고프로를 주로 가지고 다니는데, 화각이 넓고 짐벌처럼 흔들림도 잘 잡아줍니다. 이 때문에 〈라임튜브〉의 일상 영상 중에는 고프로로 찍은 것들이 많습니다. 액션캠은 가벼워서 아이가 들고 다니기에도 좋습니다. 그래서 라임이 스스로 액션캠을 들고 다니며 촬영하기도 합니다. 또 방수 기능도 탁월해 〈라임튜브〉의 수영장 영상을 찍을 때는 전부 액션캠을 사용합니다.

방수 기능이 탁월한 액션캠

삼각대

책상이나 식탁 의자에 앉아 있는 모습을 촬영할 때는 삼각대에 카메라를 고정한 채 촬영합니다. 이때 라임맘은 캠코더로 라임이의 표정을 촬영하기도 하죠. 촬영을 전담해줄 사람이 없을 때, 소수 인원만 촬영할 때도 삼각대를 활용합니다. 삼각대는 고가의 카메라를 올려놓아도 안정감 있게 받쳐줄 수 있어야 하므로 고정이 잘 되고 튼튼한 제품을 사용하길 권합니다.

TIP 삼각대는 무게가 꽤 나가므로 움직임이 많은 야외 촬영을 할 때는 사용하지 않는 것이 좋습니다.

앉아서 촬영할 때 유용한 삼각대

조명

라임이가 어릴 때에는 실내 촬영이 많았습니다. 특히 스튜디오나 집 안처럼 실내가 어두울 때 조명을 사용하면 좋습니다. 천장에 있는 형광등만 켜둔 채 촬영하면 얼굴에 그림자가 지기 마련입니다. 피사체가 되는 아이 좌우에 조명을 2개 이상 설치하여 촬영하는 것이 좋습니다.

조명만 잘 사용하면 아주 멋진 결과물을 만들 수 있는데요. 일명 뽀샤시 효과를 낼 수 있기 때문이죠. 또 크로마키 작업을 할 때 그림자 지는 부분을 잘 분리할 수 있어 효과적입니다. 조명 기구는 부피가 크고 무게가 꽤 나가기 때문에 외부 촬영에는 잘 사용하지 않습니다. 처음부터 크고 좋은 전문가용 조명 기구를 사용할 필요는 없습니다. 탁상형 스탠드나 작은 조명 기구를 사용해보길 추천합니다.

조명 기구를 설치해두고 촬영하는 모습

크로마키용 천

〈라임튜브〉를 제작할 때 카메라 트릭을 이용한 합성 영상을 많이 찍는 편입니다. 라임파파가 작아진다거나 라임이가 컵 안에 들어가는 편집 작업을 자주 합니다. 이런 작업을 할 때 만화 배경을 합성하는데요. 초록색 크로마키용 천을 사용하면 작업이 매우 수월해집니다.

유튜브 영상을 처음 제작할 때부터 굳이 비싼 제품을 구비해둘 필요는 없습니다. 크로마키 영상을 처음부터 찍지는 않으니까요. 크로마키가 필요한 콘텐츠가 생기면 그때 원단 시장에서 초록색의 도톰한 큰 천을 구입하여 사용하길 추천합니다.

크로마키용 천 위에 올라선 라임이

라임튜브는 이렇게 **〈라임튜브〉는 이렇게 촬영해요**

〈라임튜브〉는 다양한 아이템으로 키즈 콘텐츠를 만듭니다. 집 안이나 마당에서 촬영하는 것부터 키즈 카페 등의 장소를 섭외해서 촬영하는 것, 여행이나 기업과의 콜라보(브랜디드 콘텐츠) 촬영까지 다양한 콘셉트의 영상을 만들고 있지요. 각 콘셉트마다 어떻게 촬영하는지 한번 볼까요?

마당에서 놀이 활동이나 실험 등의 영상을 만들 때에는 캠코더나 삼각대를 활용합니다.

라임이가 크게 움직이는 활동을 할 때에는 액션캠(고프로)을 활용합니다.

촬영용 방에서는 조명과 삼각대 등을 활용합니다.

스토리보드(콘티)를 어떻게 짜나요?

콘텐츠 기획을 할 때 스토리보드는 중요한 이정표가 됩니다. 기획 방향을 알려주는 가장 중요한 나침반인데 요. 유튜브 키즈 콘텐츠 기획의 스토리보드도 마찬가지입니다. 아이와 함께 키즈 콘텐츠를 만들기로 마음먹고 어떤 콘셉트의 영상을 촬영할지 머릿속으로 계획해두었어도 스토리보드를 짜지 않으면 촬영할 때 생각보다 큰 시간이 들어가게 됩니다. 이번에는 촬영에 앞서 스토리보드를 어떻게 짜야 하는지 알아보겠습니다.

#광고에도 #TV 프로그램에도 #스토리보드가 #중요하다 #키즈 콘텐츠의 #스토리보드 이해하기

촬영에는 계획이 있어야 한다

키즈 콘텐츠를 만들 때, 특히 아이와 함께 촬영할 때 어느 정도까지 계획을 세워둬야 하는지 궁금해하는 분들이 많습니다. 앞서 키즈 콘텐츠는 아이의 자발적인 참여로 이루어진다고 이 야기했는데, 계획을 짠다는 것은 어떤 의미일까요?

콘텐츠의 콘셉트를 잡았다면 어떤 소재로 어떤 이야기를 할지 정해야 하는데요. 이때 영상 콘텐츠를 제대로 이해할 수 있게 도와주는 '스토리보드'를 짜야 합니다. 스토리보드에는 스 크립트(자막이나 멘트), 콘티(그림이나 사진) 등이 들어갑니다.

〈라임이의 그림일기〉 콘티

TIP 스토리보드(Storyboard)는 영상 스토리를 쉽게 이해할 수 있도록 보여주는 계획표입니다. 스토리보드에는 영상의 주제와 제목, 화면 구성, 화면 설명 등을 시각화하여 정리합니다. 각 장면을 그림이나 사진으로 그려 각 장면이 어떻게 구성되는지 쉽게 알아 볼 수 있도록 합니다. 이때 자막이나 멘트 같은 대사를 넣기도 합니다.

라임파파의 경험상 스크립트를 완벽하게 구성할수록 아이와 촬영하는 작업은 점점 더 어려워집니다. 대사나 콘티는 연기를 해야 하는 연기자에게 필요한 영역이기 때문입니다. 그러나 유튜브 키즈 콘텐츠는 기본적으로 아이와 부모가 즐겁고 행복하기 위해서 만듭니다. 그러므로 군이 꼼꼼하게 스크립트를 짜고 콘티를 그려서 작업하지 않아도 됩니다. 다만 전체 흐름을 알 수 있는 수준으로, 영상 촬영 동기만 부여하는 정도로 접근하는 것이 좋습니다.

아이는 장난감, 놀이터, 먹거리 등을 경험하는 과정에서 스스로 체험해나갈 때 가장 편한 상태가 됩니다. 부담 없고 가식도 없는 상태죠. 아이는 재미있는 척, 즐거운 척하지 않아도 되므로 즐기며 촬영할 수 있습니다.

그럼 아이에게 좋은 스크립트는 어떻게 써야 할까요?

놀이가 되는 스크립트

아이에게 가장 좋은 스크립트는 '촬영인지 놀이인지 모르는 환경'이 구성된 스크립트입니다. 다시 말해, 아이가 놀이하는 상황이 스크립트가 되는 것이지요. 아이와 함께 한 번쯤은 상상 놀이를 해보셨을 거예요. 딱 그 정도의 스크립트면 지금 당장 촬영을 시작해도 좋습니다. 〈라임튜브〉의 콘텐츠는 특정 대사 없이 아래처럼 설정한 채 진행합니다.

> 라임파파 : 라임아 우리 집에 먹보 괴물이 나타났어! 우리 함께 무찌르자~!
> 라임 : 그래! 아빠!

히어로 라임, 거대 지네를 해치워라!

이렇게 재미있는 상황을 만들면 아이 스스로 상상력을 발휘하고 적극적으로 참여하게 됩니다. 아이가 즐겁게 놀 수 있는 동기를 부여해주세요. 이런 상황에서 어떤 아이는 "가짜잖아!"라고 말할 수도 있습니다. 아마 이런 상상 놀이 경험이 많지 않아서, 익숙하지 않아서 그럴 수도 있습니다. 그래도 다시 한 번 시도해보세요. 상상 놀이를 할 때 유치하다고 생각하지 말고 적극적으로 참여해보는 겁니다. 어느새 같이 신나게 놀고 있는 아이를 볼 수 있답니다. 특히 아이가 어릴수록 상상 놀이를 잘할 수 있습니다.

어른들은 기-승-전-결의 논리적인 스토리 구조가 완벽하다고 생각합니다. 완벽한 이야기 구조인 동화, 만화, 미디어 등을 접하며 자신만의 눈높이(잣대)가 생긴 거죠. 하지만 아이들은 그렇지 않습니다. 우리 아이들은 어떤 완벽한 논리 구조로 상황을 인식하는 것이 아니라 모든 것을 스폰지처럼 빨아들이며 그저 그 상황에 반응합니다. 그래서 아이가 보는 것, 만지는 것, 듣는 것, 먹는 것에 대한 표현만 카메라에 잘 담아내도 충분합니다. 긴말 없이 생생한 표정이 모든 것을 말해주니까요.

기-승-결, 기-전-결, 기-승의 스토리 구조를 가진 영상도 아이 관점에서는 완벽한 스토리 입니다. 기-승-전-결로 끝나야 한다고 생각하는 건 어른의 관점입니다. 그래서 부모님은 계속 아이를 채근합니다. "이렇게 말해봐~" 혹은 "저렇게 행동해~" 하며 아이에게 특정한 말과 행동을 요구합니다. 그러나 아이는 어떨까요? 어떤 스토리 구조이든 즐거우면 그걸로 충분합니다.

라임파파's TALK 연령대나 개인 성향에 따라 완벽한 결말을 원하는 아이도 있습니다. 중요한 건 영상을 보는 아이도 영상에 등장하는 아이도 즐거워야 한다는 점입니다.

<라임튜브> 스크립트 엿보기

장난감(또는 보드게임)을 소개하는 콘텐츠를 촬영할 때는 다음과 같은 스토리보드와 스크립트를 바탕으로 촬영합니다. 어떤 구성으로 진행되는지 참고해보세요.

+ 인트로(시작) : 라임이는 자기 소개 정도만 하고 진행은 보조 캐릭터(부모)가 담당합니다.

라임 : 안녕하세요~ 라임이의 장난감(또는 키즈 카페, 놀이공원) 놀이, 놀아볼게요~

라임파파 : 오늘은 라임이와 ○○을 해볼게요~

인사하는 라임이와 라임파파

무엇을 할지 말하는 라임이

라임&라임파파 : (시작) 고고싱~

라임파파 : 여러분 ○○ 결과가 어떻게 될지 끝까지 지켜봐주세요~^^

결과가 어떻게 될지 지켜봐달라고 당부하는 라임파파의 멘트

+ 내용(전개) : 따로 스토리를 만들지 않습니다. 아이가 경험하는 그대로 지켜보세요. 부모는 중간중간 방향만 제시합니다.

라임파파 : 아! 라임아, 이거 먹어보면 무슨 맛일까? 우리 먹어보자~! 맛이 어때?

라임파파 : 놀이 기구 탔는데 어땠어?

라임이의 리액션을 유도하는 라임파파

이 단계에서는 아이에게 감정을 물어봅니다. 기분은 어떤지, 맛은 어떤지 등 아이의 솔직한 느낌을 물어봅니다. 이때 "이렇게 말하고 저렇게 행동해줘."라며 지시하지 않습니다. 키즈 콘텐츠 영상은 부모가 명령하고 아이는 따라 하는 방식이 아닙니다. 아이의 행동을 끌어내세요. 약간 부족한 부분이 생겨도 괜찮습니다. 나중에 영상을 편집할 때 그 부분을 채우면 됩니다.

TIP 밋밋한 영상을 채우는 방법에는 배경음악과 효과음, 자막 등이 있습니다. **PART 04**의 **'QUESTION 09** 음악(배경음악, 효과음)은 어떻게 넣나요?'와 **'QUESTION 10** 글자(자막, 효과 문구)는 어떻게 넣나요?'를 참고하세요.

이때 부모님은 매끄러운 진행력과 센스, 순발력을 발휘해야 합니다. 아이의 행동을 유발하는 질문을 던져야 합니다. 대답이 '네', '아니요'로 끝나는 질문보다는 긴 답이 나올 수 있는 질문을 던지는 것이 좋겠죠? 예를 들어 '맛있지?'라고 묻기보다 '맛이 어때?'라고 묻는 게 좋습니다.

　　라임파파 : 라임아 이렇게 한번 해볼까? 아빠가 한 거 봐.

라임파파는 촬영 중간중간 라임이에게 말을 걸기도 하고 엉뚱한 행동을 하여 라임이의 행동을 끌어냅니다. 라임파파는 라임이가 어떤 반응을 보일지 알고 있어서 이런 행동을 하는데요. 라임파파가 특정 행동을 했을 때 라임이가 어떤 종류의 리액션을 할지 미리 인지하고 유도하는 겁니다. 아이의 기질을 제대로 파악해야만 이런 진행이 가능하므로 아이와 자주 영상을 찍으며 관계를 돈독히 하는 게 좋습니다.

+ 결말(끝) : 항상 인사로 마무리합니다.

　　라임파파 : 그럼 다음에 또 만나요~
　　라임&라임파파 : 바이바이! (끝인사)

손을 흔들며 끝인사로 마무리하는 라임이와 라임파파

〈라임튜브〉 촬영 전에는 이와 같이 간단한 스크립트와 아이디어 메모만 준비합니다. 그러나 브랜디드 콘텐츠나 뮤직비디오를 만들 때는 외부 팀과 작업하게 되므로 스크립트를 좀 더 정교하게 짜기도 합니다. 이때는 팀 간 이해도를 높이기 위해 인물의 대사와 그림 콘티를 같이 준비합니다. 좀 더 디테일하게 준비해 많은 사람들이 쉽게 이해할 수 있게 구성하죠.

라임이도 이때는 '연기'를 합니다. 그렇다 해도 스크립트를 영화처럼 디테일하게 만들지는 않습니다. 각 장면(시퀀스) 단위로 '라임이와 라임파파가 OO을 할 것이다.' 정도만 작성합니다. 스크립트 안에 기본 대사가 있지만 체험하는 동안 즉흥적인 대사로 진행됩니다.

라임파파's TALK 라임이가 성장하면서 연출을 이해하고, 장면 구성과 대사를 이해하기 시작했습니다. 그래서 대사 방향이나 수정된 대사를 제안하기도 합니다.

〈슈퍼라임〉 촬영 시 의견을 나누는 장면

흐름을 이해하고 촬영에 임하는 라임이

라임튜브는 이렇게 **〈라임튜브〉 영상과 스크립트 비교해보기**

영상과 스크립트의 관계를 이해하는 것이 중요합니다. 〈라임튜브〉 영상과 스크립트를 비교해볼까요? 영상을 확인하기 전 스크립트를 먼저 읽어보세요. 그런 다음 영상을 보며 스크립트를 함께 읽어보세요. 앞서 이야기했듯이 라임파파는 스크립트를 세세하게 쓰지 않습니다. 기획한 콘텐츠의 전체 흐름만 적고 아이에게 흐름에 대해 이야기한 후 촬영합니다. 부족한 부분은 영상 편집 시 채워 넣습니다.

+ 〈라임의 마법피자와 아이스크림 튜브타고 수영장 놀이〉 영상

https://youtu.be/uPEstzChmt4

+ 〈라임의 마법피자와 아이스크림 튜브타고 수영장 놀이〉 스크립트

신 # 01. 수영장 앞에서 고민하는 아이들. 아빠는 선베드에 누워 유튜브를 보고 있다.

신 # 02. 아빠를 조르는 아이들

신 # 03. 아! 피자를 던지는 아빠. 피자가 튜브로 변한 것을 보고 기뻐하는 아이들

신 # 04. 또다시 아빠를 조르는 아이들

신 # 05. 먹던 아이스크림을 던지는 아빠. 아이스크림 튜브를 보며 기뻐하는 아이들

신 # 06. 옷을 갈아 입고 물에 뛰어 드는 아이들. 신나게 물놀이한다!

스크립트와 다르게 촬영된 영상입니다. 영상이 짜임새 있다면 흐름에 맞추어 편집합니다.

+ 〈라임의 거대 팽이 종이접기 놀이〉 영상

https://youtu.be/LFfn7-rW-KY

+ 〈라임의 거대 팽이 종이접기 놀이〉 스크립트

신 # 01. 라임이가 색칠 놀이를 하고 있다.

신 # 02. 라임파파가 3마커를 하고 싶다고 한다.

신 # 04. 라임이가 색칠 북을 두 장 찢어서 훅 던지면 바닥에 거대 페이퍼가 나온다. 이긴 사람이 서프라이 즈 장난감을 열어보기로 한다.

신 # 05. 3마커 챌린지 시작!

신 # 06. 이긴 사람이 서프라이즈 장난감을 열어본다.

TIP 3마커 챌린지(3 Marker Challenge)는 눈을 가린 채 세 가지 컬러 마커를 고른 후, 정해진 시간 안에 색칠하는 놀이입니다. 국내외 키즈 크리에이터에게 인기 있는 기획 아이템입니다.

스크립트와 다르게 촬영된 영상입니다. 촬영 중 더 좋은 아이디어가 생각난다면 과감히 변경합니다.

집에서 촬영할 때 유의할 점을 알려주세요

촬영할 수 있는 스마트폰도 있고 스토리보드(콘티)도 간단히 짰다면 이제 촬영을 해봐야겠죠. 멀리 나갈 필요는 없습니다. 집 안에서 먼저 시작해보는 겁니다. 아이와 부모에게 가장 편한 장소인 집에서 촬영하며 촬영에 대한 감을 잡아보세요. 이번에는 집에서 촬영할 때 꼭 알아야 할 것들에 대해 알아보겠습니다.

#아이도 편하고 #부모님도 익숙한 #집에서 촬영하기 #집이 #스튜디오다!

빛이 영상의 질을 좌우한다

키즈 콘텐츠를 만들기 위해 고가의 장비를 구입할 필요는 없습니다. 지금 사용하는 스마트폰으로도 충분합니다. 앞서 말씀드렸듯이 스마트폰으로 촬영해보면서 촬영에 대한 감을 익힌 다음에 비용을 들여서 장비를 사길 추천합니다. 그러나 조명은 다릅니다. 특히 집 안에서 촬영한다면 비용이 좀 들더라도 조명 기구를 구입해야 합니다. 조명에는 조금 투자하세요!

룩스패드22 조명과 거치대. 책상 등에 고정해두고 활용할 수 있습니다.

라임파파의 경험을 돌이켜보면 처음에 키즈 콘텐츠를 만들 때 촬영 장비는 크게 중요하지 않았습니다. 이미 가지고 있던 스마트폰이나 DSLR 카메라를 사용해 촬영했습니다. 워낙 성능 좋은 제품들이 많아 어떤 카메라로 찍든 잘 찍힙니다. 결과물도 아주 멋있게 나오지요. 고해상도의 4K 촬영이 가능한 시대이니까요.

그러나 조명은 특별히 신경 써야 하는 요소입니다. 어떤 카메라도 어두운 공간에서는 본연의 색을 담기 힘듭니다. 특히 요즘 가정에서는 주백색(따뜻한 느낌이 드는 주황색)을 내는 전구를 많이 사용합니다. 레일등 같은 은은한 간접 조명도 많고요. 그래서 빛이 강하게 드는 때가 아니라면 항상 조명의 힘을 빌려야 합니다.

집에서 촬영할 때 제일 좋은 환경은 '볕이 잘 드는 낮'입니다. 즉, 자연광에서 촬영하는 것이 최고라는 의미입니다. 〈라임튜브〉도 집 안에서 촬영할 때는 조명이 필요 없는 낮에 자연광을 받으며 촬영합니다.

〈라임튜브〉 영상에는 라임이 방에서 촬영한 영상이 많은데요. 라임이 방의 메인 등은 형광등이지만 벙커침대 밑에는 은은한 전구색 조명이 설치되어 있습니다. 그래서 이 공간에서 촬영할 때는 이동이 가능한 LED 조명을 설치해서 촬영합니다.

라임이 방에서 촬영할 때는 조명을 활용합니다.

라임파파's TALK 채광이 약한 집에서 촬영하거나 빛이 들지 않는 저녁 시간에 주로 촬영하는 상황이 생길 수 있습니다. 이런 상황이라면 자주 촬영하는 공간의 등을 LED 조명으로 바꾸는 것이 좋습니다. 매번 조명을 설치하여 켜고 끄는 번거로움을 줄일 수 있습니다.

어두운 장소에서 촬영한 후 편집 작업을 할 때 후보정을 통해 영상의 밝기를 조절할 수도 있습니다. 그러나 처음부터 어두운 장소에서 촬영한 영상이라면 밝기를 조절한다고 해도 영상에 노이즈가 생겨 화질이 좋아 보이지 않습니다. 그러므로 가능하면 조명이 약하고 어두운 장소에서 촬영하는 상황은 만들지 않아야 합니다. 다시 한 번 말하지만 집 안에서 촬영한다면 가장 밝은 곳, 자연광이 드는 곳에서 촬영하되, 필요하다면 LED 조명등을 활용하세요.

촬영 공간을 따로 마련하는 것도 좋아요

즐거운 유튜브 라이프를 즐기려면 삶과 유튜브가 어느 정도 구분되어야 합니다. 일상의 순간 순간이 유튜브가 되는 건 괜찮지만 '삶=유튜브'가 되면 안 됩니다. 특히 집 안에서 촬영하면 가족이 편히 쉬어야 할 공간이 촬영 스튜디오처럼 바뀌기도 하는데요. 이러면 유튜브가 스트레스가 되는 건 한순간이죠.

라임파파는 거실과 라임이 방에서 자주 촬영합니다. 그리고 방 하나를 촬영용 방으로 구성했습니다. 이 방에는 리뷰 콘텐츠를 촬영할 수 있는 책상을 두고 배경이 되는 벽을 만들었습니다. 그리고 촬영 장비를 한 곳에 모아두었죠. 가끔 촬영에 필요한 장난감이나 책 등을 넣어 두기도 합니다. 그러면 촬영할 때 필요한 장비만 꺼내 촬영하고 다시 넣어둘 수 있어 정리하기 쉽습니다.

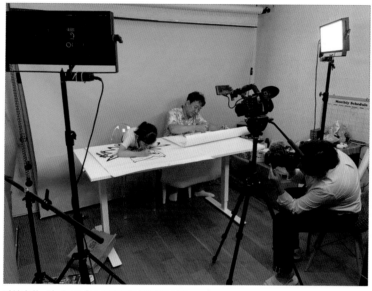

라임파파는 방 하나를 촬영 공간으로 마련했습니다.

아이 정보가 노출되지 않게 촬영해요

집에서 촬영할 때 신경 써야 할 중요한 요소가 하나 남았습니다. 바로 정보 노출을 최소화하는 것입니다. 아이와 함께 키즈 콘텐츠를 만들어 영상을 업로드하기로 마음먹었다면 아이의 얼굴은 물론 부모님의 얼굴도 모두 공개됩니다. 이러한 상황에서 집 안 곳곳을 배경으로 촬영하다보면 가족 정보가 노출될 위험이 커집니다.

키즈 크리에이터에 대한 우려 중 가장 큰 비중을 차지하는 것이 '아이의 사생활'입니다.
우리 아이를 키즈 크리에이터로 키우기 위해 촬영을 시작했다면
아이를 보호하기 위해 최대한 노력해야 합니다.

유엔 아동권리협약에는 "아이는 사생활을 보호받을 권리가 있으며 신분이 지켜질 권리가 있다."라고 명시되어 있습니다. 이러한 권리가 침해되지 않도록 부모는 책임져야 하고요. 아이가 원하지 않는 상황이라면 촬영하지 말아야 합니다. 또한 아이의 개인 정보가 그대로 드러나는 학교, 친구, 지역, 연락처 등은 노출에 매우 신경 써야 합니다.

라임튜브는 이렇게 ▶ 촬영 전문 스튜디오 이용하기

집에서 촬영하는 것이 내키지 않다면 유튜브 영상에 최적화된 촬영 전문 스튜디오를 이용하는 것도 좋습니다. 포털 사이트에서 '유튜브 촬영 스튜디오', '유튜브 렌털 스튜디오' 등으로 검색하여 콘셉트에 어울리고 예산에 맞는 스튜디오를 찾아볼 수 있습니다. 좀 더 전문적인 스튜디오를 찾는다면 '콘텐츠멀티유즈랩'을 이용해보세요. 이곳에는 촬영용 카메라와 삼각대, 조명, 마이크, 배경지 등 촬영에 필요한 모든 물품이 구비된 크리에이터 스튜디오가 있습니다. 대관 비용은 무료이며 사용 2일 전까지 전화로 신청해야 합니다.

전문 촬영용 DSLR 카메라와 배경지(크로마키용), 마이크

TIP 콘텐츠멀티유즈랩. 경기도 성남시 수정구 대왕판교로 815, 판교2밸리 기업지원허브 B동 2층. 031)602-1242

동물원이나 놀이공원, 영업 중인 가게에서 촬영해도 되나요?

집 안에서만 촬영해서는 다양한 콘셉트의 키즈 콘텐츠를 만드는 데 한계가 있습니다. 이런저런 체험 활동을 통해 내 아이가 좋아하는 것, 구독자들이 좋아하는 것들 보여주어야 합니다. 이번에는 야외나 영업 중인 가게에서 체험 콘텐츠를 촬영하는 노하우를 알아보겠습니다.

#아이가 좋아하는 #야외에서 촬영하는 #특급 노하우 #동물원 #놀이공원 #식당 촬영 가이드

야외에서 체험 콘텐츠 촬영하기

동물원이나 놀이공원 등 야외에서도 키즈 콘텐츠를 만들기 위한 영상을 촬영할 수 있습니다. 동물원은 아이들이 정말 좋아하는 장소입니다. 코뿔소, 얼룩말, 기린 등 아이들이 책이나 영상을 통해서만 보던 동물을 직접 볼 수 있는 곳이기 때문이죠. 특히 양같이 온순한 동물은 직접 만져보거나 먹이를 줄 수 있게 개방한 동물원도 있습니다. 놀이공원은 몸을 움직여 체험하는 다양한 프로그램이 짜여 있는 곳입니다. 그래서 키즈 콘텐츠로 엮을 수 있는 아이템도 많죠.

동물원에서 촬영하기

동물원에서는 관찰자 시점에서 촬영해야 합니다. 아이는 동물에 대한 몰입도가 좋으므로 아이가 직접 체험하는 모습을 3인칭 시점에서 관찰하듯 촬영하는 것이 좋습니다. 아이가 코뿔소 우리 앞에서 움직이지 않는다거나 파충류만 계속 들여다본다 해도 불안해하지 마세요.

내 아이가 관심 있어 하고 해보고 싶어 하는 걸
또래 아이들(구독자)도 똑같이 궁금해할 것임을 믿으세요.

아이 옆에서 부모님이 동행하며 아이가 머뭇거리거나 어려워하는 부분만 살짝 도와주세요. 아이가 주도적으로 할 수 있게 조력자 역할만 하는 겁니다. 아이가 직접 경험할 수 있게 하고 부모님은 아이를 지켜보는 정도로 촬영하세요.

"우아! 이구아나네, 가까이 가서 볼까? 아빠(엄마)가 옆에 있어줄게~"

"라임아, 기린에게 먹이를 줘볼까? 아빠가 주는 것 보고 라임이도 기린에게 먹이를 줘봐!"

동물원에서는 피사체가 가까이 있는 내 아이일 수도 있고, 우리 안에 있는 원거리의 동물이 될 수도 있습니다. 또한 아이가 넓은 공간을 뛰어다니거나 아이만 체험하는 공간에 들어갈 때도 많습니다. 가령 아이 혼자 말을 타거나 동물을 만져보는 체험 등을 할 수 있죠. 이런 경우에는 줌 기능이 탁월한 캠코더에 무선 마이크를 장착해서 촬영하면 좋습니다. 피사체가 멀리 있어도 줌을 당겨 촬영할 수 있습니다.

동물원에서는 관찰자 시점으로 촬영합니다.

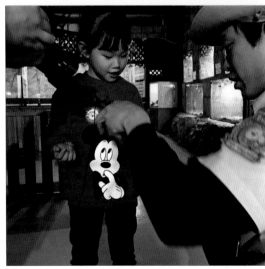

아이가 직접 체험하는 모습을 촬영할 때에는
무선 마이크를 사용합니다.

놀이공원에서 촬영하기

〈라임튜브〉에는 놀이공원에서 진행하는 라임이의 체험 콘텐츠가 많습니다. 라임이가 더없이 즐거워하는 주제이므로 자주 기획하는 콘텐츠이죠. 놀이공원에서는 동물원에서보다 아이의 행동 반경이 커집니다. 볼거리도 많고 탈거리도 많습니다.

놀이공원에 가게 되면 라임파파는 주머니에 액션캠(고프로)을 챙겨 넣습니다. 그리고 라임이가 타고 싶은 놀이 기구를 선택하면 같이 탑승하여 액션캠을 꺼내 촬영합니다. 이때 라임맘은 멀리서 캠코더로 놀이 기구가 운행되는 전체 화면이나 라임이와 라임파파의 모습을 줌 인하여 촬영합니다. 가끔 놀이 기구에 함께 탑승해 스릴 넘치는 놀이 기구의 움직임을 촬영하기도 하지요.

액션캠은 화각이 넓어 라임파파가 한 손으로 들고 있어도 라임파파와 라임이의 투 숏이 쉽게 잡힙니다. 그리고 액션캠 자체에 짐벌(흔들림 보정 장치) 기능이 있어 놀이 기구가 심하게 움직여도 흔들림을 잘 잡아줍니다.

화각이 넓은 액션캠으로 촬영하면 라임파파, 라임이, 라임맘, 라임 오빠가 한 화면에 잡힙니다.

TIP 상황에 따라 필요한 촬영 장비에 관한 가이드를 PART 04의 'QUESTION 01 촬영에 필요한 장비를 알려주세요'를 참고하세요.

야외 촬영을 할 때는 아이에게 집중하세요

집 안에서 촬영할 때 가장 신경 써야 할 부분은 '아이의 정보가 노출되지 않아야 한다'는 점이라고 했습니다. 그렇다면 야외 촬영을 할 때는 어떨까요? 야외 촬영은 넓은 공간에서 아이가 자유롭게 이동하므로 첫째도 안전, 둘째도 안전입니다. 온전히 아이에게 집중해야 한다는 의미이지요. 라임파파와 라임맘은 야외 촬영 시 삼각대나 짐벌 같은 무겁고 거추장스러운 장비를 챙기지 않습니다. 장비는 최대한 가볍게 챙깁니다. 라임파파는 주머니에 들어가는 액션캠을 챙기고 라임맘은 멀리서 촬영할 수 있는 가벼운 캠코더 정도만 챙깁니다.

야외에서 아이를 촬영할 때 가장 좋은 장면은 순간순간 아이가 느끼는 감정을 그대로 담은 컷입니다. 아이가 체험하는 순간의 감정과 표정을 생생하게 포착해야 합니다. 따라서 라임파파는 라임이 옆에서, 라임맘은 멀리서 라임이가 제대로 된 체험을 할 수 있게 보호합니다. 그러려면 최소한의 촬영 장비만 준비하여 찍는 순간에 집중할 수 있도록 해야 합니다.

아이가 지금, 그 상황에 집중할 수 있게 도와주세요.
영상을 찍는 동안에도 아이가 온전한 감정으로 세상을 바라보게 하세요.

하나 더, 아이는 에너지가 넘칩니다. 아이 옆에서 함께 뛰어다닐 수 있는 체력도 준비해야 합니다. 이렇게만 준비하면 가식이 아닌, 진짜로 아이가 느끼는 즐거운 체험을 담아낼 수 있습니다. 체험 중간에도 깊이 관여하지 마세요. 중간중간 "라임아, 지금 어때?" 같은 간단한 질문만 던집니다.

카메라 밖에 있어도 라임이와 대화하며 촬영을 이어갑니다.

키즈 카페나 공연장에서 촬영할 때 지켜야 할 것

키즈 카페나 공연장에서도 아이가 노는 장면만 촬영하는 거라면 충분히 촬영할 수 있습니다. 라임이는 어릴 때 키즈 카페, 놀이공원, 테마파크, 공연장 등에 자주 갔는데요. 갈 때마다 라임이 혼자 신나게 노는 장면이나 체험하는 모습을 짧게 촬영하여 간직했습니다. 그렇게 모은 영상 소스를 이어 붙인 콘텐츠도 있습니다.

아이를 주 고객으로 하는 업체들은 크리에이터가 업장에서 촬영하는 것이 마케팅에 도움이 될 수도 있다고 여깁니다. 그래서 영업에 방해가 되거나 문제가 될 만한 행동을 하는 게 아니라면 촬영하는 것을 문제 삼지 않습니다.

꼬마 버스 타요 키즈 카페에서 재미있게 노는 라임이

그러나 모든 업체가 촬영에 긍정적이지는 않습니다. 키즈 카페나 테마파크에서 촬영이 불가능한 공간이 있기도 합니다. 또한 연극이나 뮤지컬 등의 공연은 저작권 문제로 촬영할 수 없습니다. 문화센터 같은 곳도 촬영을 꺼리곤 합니다. 편집한 유튜브 영상이 해당 프로그램의 취지가 아닌 다른 의미로 해석될 수도 있어 우려하는 것입니다. 이런 곳에서는 미리 촬영에 대한 양해를 구해야 하고, 촬영 협조 요청에 부정적인 반응을 보인다면 촬영하지 않는 게 좋습니다.

라임파파's TALK 어디서는 되고, 어디서는 안 된다?! 어렵지 않습니다. 쉽게 생각해보세요. "스마트폰을 꺼주세요. 촬영 금지입니다."라고 써 붙인 곳에서는 절대 촬영하면 안 됩니다. 영화관이나 공연장 등이 그렇죠. 경우에 따라 커튼콜을 할 때 촬영이 가능한 경우도 있지만 안내 문구에 따라 촬영해야 합니다. 요즘은 유튜브에 업로드하는 영상이 문제가 되기도 하여 안내 문구에 "개인 소장용 촬영은 허용되나 SNS, 유튜브에 공유하는 것은 금지합니다."라는 문구를 안내하기도 합니다.

다른 아이의 초상권 지켜주기

키즈 카페나 놀이공원에는 아이가 평소에 접하지 못하는 창의적인 놀이 기구가 많습니다. 아이의 호기심을 자극하는 공간이 마련되어 있으므로 촬영에 매우 적합한 곳이지요. 그래서 아이와 자주 가는 곳이기도 하고요. 그러나 이런 장소에는 우리 아이뿐 아니라 다른 아이들도 많습니다. 그래서 카메라를 켜면 어떤 식으로든 다른 아이들의 얼굴이 노출됩니다. 매우 조심해야 할 상황입니다.

당연한 이야기이지만 내 아이가 누군가의 카메라에 찍히는 걸 반기는 부모님은 없습니다. 돈을 내고 입장한 곳에서 아이가 충분히 놀았으면 하는데, 누군가 촬영한다고 내 아이가 노는 걸 방해한다면 매우 언짢겠죠. 인기 있는 장소라면 십중팔구 이런 난감한 상황이 연출됩니다. 카메라에 내 아이만 찍으려 해도 아이 뒤로 군중이 잡히는 경우가 다반사입니다. 카메라를 들고 촬영을 시작하면 호기심 많은 아이들의 시선이 집중되고 카메라를 든 사람을 따라다니는 경우도 많습니다. 그러면 더 이상 매끄럽게 촬영할 수 없게 되지요.

다른 아이의 얼굴이 보이지 않게 촬영해야 합니다.

촬영 내내 다른 사람들에게 "당신의 아이는 노출하지 않을게요.", "유튜브 촬영을 하고 있는데 이 아이의 얼굴이 잠깐 나와도 될까요?"라는 양해를 구하며 진행하기도 합니다. 촬영을 무사히 마쳤다 하더라도 편집할 때 다른 사람의 얼굴은 모두 블러(모자이크 등으로 얼굴을 흐리게 하는 작업) 처리를 해야 합니다. 특히 움직이는 인물의 얼굴에 블러 처리하는 작업은 많은 시간을 들여야 하므로 매우 비효율적이지요. 정답일 수는 없겠지만, 라임파파는 사람이 많이 모이는 시간대를 피해서 촬영합니다. 그럴 수 없다면 아무리 인기 있는 곳이라 해도 촬영하지 않습니다.

라임파파's TALK 한때 노키즈존(No Kids zone)이 이슈가 된 적이 있죠. 요즘은 노유튜버존(No Youtuber zone)이 새로 생겼답니다. 유튜버라는 타이틀을 내세워 막무가내로 업장 곳곳을 촬영하고 주변 사람들의 얼굴을 그대로 영상에 노출하기도 하는데요. 이로 인해 생기는 불편을 최소화하기 위해 몇몇 인기 있는 업장에서는 유튜브 촬영을 거절한다고 합니다. 인기 있는 식당이나 카페 등은 우리 가족은 물론 다른 사람들이 그들만의 시간을 보내기 위해 방문하는 곳입니다. 내 콘텐츠를 찍기 위해 다른 사람에게 피해를 주는 일은 없어야 합니다.

돌발 상황에 대처하는 노하우를 알려주세요

촬영하다보면 아이가 가끔 돌발 행동을 할 때가 있습니다. 갑자기 놀이를 하지 않는다거나 입을 꾹 다물어버리면 촬영을 진행할 수가 없어 난감해집니다. 이런 상황이 되면 마음이 급해져 아이를 채근하기도 합니다. 이번에는 아이가 촬영에 호응해주지 않는 상황에 대처하는 방법에 대해 알아보겠습니다.

#잘 놀던 아이가 #입을 꾹 다물면 #마음이 급해집니다 #그렇다고 아이를 #다그치지 마세요

아이가 제대로 놀 수 있어야 한다

아이가 즐겁게 촬영할 수 있도록 '촬영 놀이'하는 환경을 만들어야 합니다. 일하는 것도 아니고 공부하는 것도 아닙니다. 아이에게 촬영은 꼭 놀이여야 합니다. 아이는 하루 종일 놀 수 있습니다.

아이가 도망 다니거나 입을 꾹 닫고 말을 안 하는 건 '재미가 없어서'입니다. 놀고 싶은데 자꾸 이래라저래라 하면 어른이나 아이나 똑같은 반응을 보일 겁니다. 이럴 때 부모의 역할은 재미있는 놀이를 같이 하는 친구가 되어 주는 겁니다.

> 라임파파's
> **TALK** 아이의 시각으로 세상을 보세요. 아이와 함께 놀아줄 때에는 친구가 되어야 합니다. 친구처럼 놀고 친구처럼 행동하세요. 아이가 정말 즐거워합니다.

라임파파는 라임이와 역할에 맞는 놀이를 하며 재미있는 시간이 될 수 있게 합니다.

기획 영상을 촬영할 때도 아이가 재미있게 놀 수 있는 상황을 만들어야 합니다. 앞서 이야기했듯이 기획 영상 촬영은 일종의 상상 놀이입니다. 기획 시점에 아이에게 콘셉트의 방향을 이야기해주세요. 구연동화처럼 실감나게 이야기해주는 겁니다. 아이가 들었을 때 재미있다고 생각하면 끝까지 능동적으로 참여합니다. 행동과 표정, 말에서 생동감이 넘치고 모든 상황을 주도적으로 이끌어가죠. 하지만 재미없는 상황이라면 아이는 바로 반응을 보입니다. 촬영 시작 버튼을 누르자마자 몸을 배배 꼬거나 딴청을 부립니다.

아이가 즐거워할 만한 소재나 이야기로 아이의 친구가 되어보세요. 영상은 길게 촬영할 필요가 전혀 없습니다. 보통 유튜브 등에서 아이들이 소비하는 영상 길이는 약 2분 30초 정도입니다. 1분 영상이라도 상관없습니다. 1분짜리 영상을 2~3개 붙이면 2분이 넘는 분량이 되니까요!

아이가 말하는 걸 힘들어하면 시키지 마세요!

그리고 오프닝 인사와 엔딩 인사를 힘들어하는 아이라면 매번 인사를 시키지 않아도 됩니다. 인사하는 영상을 한 번만 찍어서 매회 반복해 사용해도 되고, 아이가 인사하는 걸 싫어한다면 과감하게 생략해도 됩니다. 아이가 좋아하는 것 위주로 구성하세요.

라임파파's TALK 아이가 말하는 걸 힘들어하면 한두 번 정도는 부모님이 내레이션을 따로 후시 녹음해 대체해도 됩니다. 또 아이의 대답을 이끌어낼 수 있는 질문을 자주 던지거나 설명하는 내레이션을 추가해도 됩니다.

놀이하는 장면을 따라 다니며 그냥 촬영만 합니다.

쉽게 할 수 있는 영상 연출 기법을 알려주세요

스토리보드에 맞춰 스크립트와 콘티를 짠 후 촬영까지 마쳤다면 이제는 편집 단계로 넘어가야 할까요? 아닙니다. 영상을 편집하기 전에 영상 연출 기법을 알아두어야 합니다. 그래야만 콘셉트에 맞는 영상 편집이 쉬워집니다. 이번에는 콘셉트에 따라 촬영한 영상을 연출 기법을 통해 배치하여 완성도를 높이는 방법에 대해 알아보겠습니다.

#아무리 못 찍은 영상이라도 #연출 기법을 활용하여 #완성도 있게 만들 수 있어요

영상에도 배치가 필요하다

드라마나 영화를 볼 때, 영상을 어떻게 자르고 붙여서 만들었는지 궁금해하는 분들이 많습니다. 드라마나 영화보다는 짧지만 유튜브를 볼 때도 같은 궁금증이 생깁니다. 아이와 함께 키즈 콘텐츠를 만들려는 부모님들 중 영상 연출을 전문적으로 배운 분은 드물 겁니다. 그러나 영상 연출을 따로 공부하지 않았더라도 괜찮습니다. 이미 드라마나 영화를 많이 본 것만으로도 영상 연출법을 공부한 거나 마찬가지이기 때문이죠. 좋아하는 영상을 볼 때 장면(시퀀스)을 어떤 식으로 잘라서 배치하는지 눈여겨본다면 앞으로 소개할 영상 연출을 이해하는 데 도움이 될 겁니다.

> **라임파파's TALK** 영상 연출은 매우 전문적인 분야입니다. 그러나 이 책을 읽는 부모님들에게 전문적인 용어를 쓰며 영상 연출 기법을 설명하는 것은 매우 비효율적이라 생각합니다. 라임파파는 전문 용어를 줄이고 최대한 쉽게 설명해보겠습니다.

글은 문장으로 스토리를 전달합니다. 영상은 낱장의 그림을 나열하여 스토리를 전달합니다. 그래서 사람들은 글보다는 영상을 봤을 때 직관적으로 분명하게 스토리를 이해할 수 있습니다. 눈앞에서 생생하게 펼쳐지기 때문이죠.

> **TIP** 영상은 한 개 이상의 컷(Cut)이 모여 하나의 신(Scene)을 이룹니다. 컷은 숏(Shot)이라고도 하죠. 한 개 이상의 신이 모이면 시퀀스(Sequence)가 됩니다. 시퀀스가 여러 개 모이면 하나의 완성된 결과물이 만들어집니다. 쉽게 말해, 영상을 찍을 때 촬영 버튼을 누르고 종료 버튼을 누를 때까지가 하나의 컷이 됩니다. 이러한 컷이 모여 신이 되고 신이 모이면 시퀀스, 시퀀스가 모이면 완성된 결과물이 만들어집니다.

아래와 같이 두 가지 컷 뒤에 같은 아이의 얼굴을 배치하면 사람들은 어떻게 받아들일까요? 또 다른 컷을 앞에 붙인다면 어떤 느낌이 날까요? 한번 생각해보세요.

김이 모락모락 올라오는 만두   아이의 얼굴   만두를 먹고 싶은 아이

강아지 얼굴   아이의 얼굴   강아지와 놀고 싶은 아이

이처럼 전혀 다른 컷을 이어 붙여 이야기를 만드는 과정이 영상 연출입니다. 만약 아이의 얼굴 컷 앞에 게임하는 장면을 넣는다면 게임하는 아이, 게임하고 싶은 아이가 되는 겁니다. 꼭 아이가 만두를 손에 들고 있어야 하고, 강아지를 품에 안고 있어야 하는 게 아닙니다. 각각의 장면(시퀀스, 컷)으로 만들어 이어 붙이면 이것이 하나의 스토리가 됩니다.

영상 배치 쉽게 이해하기

영상을 처음 만드는 초보자는 편집을 어렵게 생각합니다. 하지만 영상은 절대 어렵지 않습니다. '라면 끓여 먹기'로 영상을 제작한다고 가정해보겠습니다. 라면 끓이는 과정을 글로 옮기면 아래와 같습니다.

① 냄비에 물을 붓는다. ② 냄비를 가스레인지에 올린다. ③ 가스레인지 불을 켠다. ④ 물이 끓는다.
⑤ 라면 봉지를 뜯어 라면과 스프를 냄비에 넣는다. ⑥ 뚜껑을 닫고 익기를 기다린다.

위와 같이 여섯 단계를 거쳐야만 라면이 제대로 완성됩니다. 이 과정을 영상으로 만들기 위해 여섯 번에 나누어 촬영합니다. 이때에는 육하원칙에 맞추어 영상을 촬영하는 게 좋습니다. '누가, 언제, 어디서, 무엇을, 어떻게, 왜'가 들어가는 영상을 만드는 것이죠. 이렇게 영상을 촬영하여 소스를 만든 후 아래와 같이 영상 소스를 이어 붙이면 각기 다른 영상이 됩니다.

영상 1 : 라임파파가 ▶ ⑤, ⑥ ▶ 라면을 먹는다.

영상 2 : 라임파파가 ▶ ②, ③, ⑤ ▶ 라면을 먹는다.

영상 3 : 라임파파가 ▶ ①, ③, ⑤, ⑥ ▶ 라면을 먹는다.

편집 의도 또는 감성에 맞추어 영상 소스를 선택적으로 적용하면 됩니다. '라면 먹방' 콘텐츠라면 영상 1과 같은 연출을 하면 됩니다. 두 컷만 필요하죠. 나머지는 시작하는 인서트(삽입) 컷으로 있어도 되고 없어도 되는 컷입니다. 즉, 나머지 컷들은 '끓여 먹는다'라는 콘셉트에서 조미료 같은 소스입니다. 소스가 되는 컷들은 기획할 때 제대로 결정하여 선택적으로 촬영하면 됩니다.

가령 라면을 그냥 먹는 게 아니라 '맛있게 먹는다'로 표현하고 싶다면 어떻게 해야 할까요? 후루룩 소리를 내면서 땀까지 흘려가며 흡족한 표정으로 먹는 인물이 한 컷 포함되면 되겠지요. 그럼 이 영상은 '라임파파가 라면을 끓여서 맛있게 먹는다!'가 됩니다.

기본적으로 위와 같은 방식으로 영상이 만들어집니다. 어렵지 않죠?

라임파파의 라면 끓이기

재미있는 연출을 위한 두 가지 기술

재미있는 영상을 만들려면 두 가지를 꼭 기억해야 합니다. 첫 번째는 중요한 컷만 남기고 모두 덜어내야 한다는 것입니다. 영상 소스가 아깝다고 촬영한 영상을 모두 넣어 길게 만들면 영상이 지루해집니다. 즉, 영상 시간을 알맞게 줄여야 합니다. 두 번째는 영상 배치를 효과적을 해야 한다는 것입니다. 시간의 흐름에 따른 서사 방식보다는 '전-기-승-전-결' 방식으로 구조를 바꿉니다. 구독자의 호기심을 끌 수 있는 영상을 맨 앞에 두는 거죠. 앞서 익힌 영상 배치를 이용하면 쉽겠지요?

영상 시간 줄이기

〈라임튜브〉의 콘텐츠 길이는 2분 30초 정도입니다. 길게 찍지 말고, 콘셉트를 정한 후 짧게 촬영하세요. 앞서 이야기했지만 전체 흐름을 파악할 수 있는 스토리보드를 바탕으로 촬영하길 권합니다. 영상 소스는 많을수록 좋지만 효율적으로 작업하려면 필요한 컷만 짧게 찍는 연습을 해야 합니다. 영상 소스가 길거나 너무 많으면 편집할 때 일이 많아집니다. 시간도 배로 들고요. 무섭게 들리겠지만, 유튜브 때문에 삶의 경계가 무너질 수도 있습니다. 소스가 될 영상은 짧게 촬영하고 이렇게 촬영한 영상을 편집해 유튜브에 조금씩 업로드하면서 영상 연출 실력을 키우세요.

효과적으로 영상 배치하기

"OO 라면이 맛있다는데, 라임파파가 끓여서 한번 먹어보겠습니다!"라고 말한 후 라면을 끓여서 먹는 먹방 영상은 스토리 구조상 시선을 확 잡아 끌지 못합니다. 특히 초반부터 지루한 느낌을 줍니다. 구독자에게 어필하는 재미있는 영상을 만들기 위해 라임파파는 궁금증을 유발하는 편집을 합니다.

그릇에 김이 모락모락 나는 맛있는 라면 클로즈업

▼

라임파파 한 입 먹고 "캬~" 하며 감탄하는 모습 클로즈업 (미리보기)

▼

앞서 소개한 ①~⑥ 과정을 보여줌

▼

라임파파가 라면을 끓여서 맛있게 먹는다!

여기서 중요한 건 도입부에 호기심을 유발하는 소스나 재미있어 보이는 영상을 넣는다는 점입니다. 이렇게 배치하면 구독자의 시청 시간을 길게 유지할 수 있습니다. 이런 식으로 영상을 만들다보면 자기만의 연출 기교가 생깁니다. 일단, 아주 짧은 스토리라도 지금 당장 시작해보세요.

라임파파's TALK 라임파파는 라임이와 장난감을 가지고 노는 콘셉트로 촬영하는 경우 다음과 같이 영상을 찍습니다. 먼저 라임이가 장난감을 가지고 노는 영상을 찍습니다. 라임이가 재미있게 노는 모습을 찍은 후에 어떤 느낌으로 연출할지 생각해보고 필요한 컷을 따로 찍습니다. 장난감을 소개하거나 언박싱하는 도입 인서트 컷을 따로 찍는 거죠. 이때는 라임이가 직접 출연하지 않아도 됩니다. 장난감이 제대로 작동되는지를 알려주면 되기 때문에 라임파파의 손만 등장해 영상을 찍습니다.

편집할 때 유용한 작은 팁을 두 가지 알려드리겠습니다.

먼저 4K 영상을 활용하는 것인데요. 4K 영상은 해상도가 매우 높아 확대해도 깨지지 않습니다. 라임파파는 4K 영상을 자주 촬영합니다. 그런 다음 편집 작업을 할 때 필요한 부분만 클로즈업해서 활용합니다. 유튜브에 업로드하는 영상의 해상도는 기본 HD 사이즈이므로 4K 크기로 촬영한 후 특정 부분을 확대하는 거죠.

예를 들어볼까요? 책상 의자에 앉아서 리뷰하는 인트로나 엔딩 컷은 모두 고정 카메라로 촬영합니다. 이 영상을 편집할 때 라임이와 라임파파의 얼굴을 각각 클로즈업하기도 하고 줌 인/아웃 기법을 활용하여 지루함을 없애곤 합니다.

줌 인/아웃 기법으로 지루함 없애기

하나 더, 긴 분량의 영상을 만들고 싶다면 묶음 영상으로 재생 시간을 길게 만듭니다. 앞서 〈라임튜브〉의 영상은 대략 2분 30초 길이라고 했지만, 10분이 넘어가는 영상도 있습니다. 이런 영상은 묶음 영상으로, 예전 영상들을 자르고 붙여 길게 만든 영상입니다. 영상을 꼭 길게 찍을 필요는 없습니다. 콘셉트에 따라 예전에 촬영한 영상을 활용해도 좋습니다.

콘셉트에 따른 영상 촬영과 연출법

책상 앞에 앉아서 진행하는 리뷰 콘셉트

리뷰 콘셉트 영상은 약 1시간 내외로 촬영합니다. 가능하면 한 번에 촬영하기 위해 메인 카메라 한 대와 표정을 가까이서 찍기 위한 인서트 컷용 줌 카메라 두 대를 사용합니다. 라임이 컷을 마무리한 다음에는 장난감(리뷰 상품)을 따로 촬영해 인서트 컷을 만듭니다. 이 영상 소스를 활용해 라임이와 촬영한 메인 영상에서 부족한 부분을 채워나갑니다.

리뷰 콘셉트 촬영 모습

TIP 여기서 말하는 인서트 컷(Insert cut)은 영상 편집 시 중간중간 삽입하는 컷을 말합니다. 라임이가 놀라는 표정이나 리뷰해야 하는 장난감 등을 따로 촬영해서, 자연스럽게 진행되는 영상의 중간중간에 끼워 넣는 컷입니다. 이러한 인서트 컷은 고정된 상태의 카메라가 클로즈업해서 가까이 찍는 촬영 방법을 사용합니다.

일상(브이로그), 콩트, 체험(관찰) 콘셉트

자연스러운 장면이 필요한 콘셉트의 영상은 메인 카메라 한 대로 촬영합니다. 스마트폰, 캠코더, 액션캠 등 그때그때 손에 들려 있는 촬영 장비로 촬영합니다. 가령 라임이와 마트에 갔는데 갑자기 신기한 아이스크림을 먹는 상황이 생기면 주머니에 있던 스마트폰을 바로 꺼내 촬영합니다. 수영장에 가서 라임파파와 잠시 노는 영상을 찍을 때는 방수가 되는 액션캠을 사용하고요. 스키 타기나 여행 등의 체험 상황에서는 원거리에서 줌 인할 수 있는 캠코더를 사용해 멀리서 줌을 당겨 촬영합니다.

체험(관찰) 콘셉트 촬영 모습

히어로 시리즈 콘셉트

〈라임튜브〉는 〈파자마삼총사〉, 〈슈퍼라임 애니메이션〉 시리즈의 콘텐츠를 정기적으로 업로드합니다. 라임이가 콘셉트에 맞추어 히어로가 돼서 연기를 펼치는데요. 이때는 렌즈 변환이 가능한 카메라를 사용합니다. 24mm 렌즈나 망원 줌 렌즈 등을 사용해서 카메라의 화각을 활용해 촬영합니다. 다른 영상에 비해 완성도 있는 영상을 만들어야 하므로 전문 장비를 사용하는 거죠.

히어로 콘셉트 촬영 모습

아이와 함께 키즈 콘텐츠를 만들기 전부터 전문적인 영상 용어를 익혀야 한다면 시작도 하기 전에 지칠 수 있습니다. 라임파파는 애니메이션 슈퍼어드바이저로 일한 경험이 있어 영상 용어가 익숙했던 터라 촬영 연출이나 편집 작업이 수월했는지도 모릅니다. 그러나 이 책을 읽고 있는 부모님들은 대부분 전문가가 아닐 겁니다. 그래서 영상 용어를 쉽게 익힐 수 있도록 〈라임튜브〉의 촬영 연출 기법을 간단히 소개하려고 합니다.

숏(Shot, 컷) 구성하기 : 공간적 연결이 중요하다!

영상은 네모난 공간인 프레임 안에서 숏(컷)의 연결을 통해 스토리가 전개됩니다. 가령 라임이와 라임파파가 대화를 한다고 하면 왼쪽에 있는 라임이는 항상 왼쪽에, 오른쪽에 있는 라임파파는 항상 오른쪽에 있는 모습을 만들어야 합니다. 이러한 규칙을 통해 콘티뉴이티 체계가 구현되고 하나의 프레임 안에서 시간과 공간이 연결되는 순서가 만들어집니다.

> TIP 콘티뉴이티(Continuity)는 여러 개의 숏(컷)을 연결했을 때 자연스러운 신, 시퀀스가 되는 연속성을 말합니다. 뚝뚝 끊어지는 흐름이 아닌 구독자가 자연스럽게 집중할 수 있는 흐름입니다.

풀 숏 : 주인공이 있는 전체 위치를 보여주는 컷

미디엄 숏 : 라임이는 왼쪽, 라임파파는 오른쪽에 위치하며 상반신을 보여주는 컷

이때 라임이와 라임파파의 위치가 갑자기 바뀌면 콘티뉴이티 체계가 무너지면서 구독자가 해당 장면에 대해 제대로 이해하지 못하고 헷갈리게 됩니다. 만약 라임이나 라임파파가 단독으로 클로즈업되는 컷이 있더라도 둘의 위치가 바뀌지 않게 촬영해야 합니다.

풀 숏 : 오른쪽 위에 아이 룸을 만들어 오른쪽 위에 나쁜 마법사 그레이가 있음을 보여주는 컷

> **TIP** 아이 룸(Eye room)은 룩킹 룸(Looking room)이라고도 하며 주인공의 시선 방향에 따른 공간을 말합니다. 주인공의 시선 방향에 따라 구독자가 그 공간에 무언가 있다고 인지할 수 있습니다.

풀 숏 : 왼쪽에 아이 룸을 만들고 주인공의 시선을 왼쪽 아래에 두어 왼쪽 아래에 라임이와 라임파파가 있음을 보여주는 컷

미디엄 클로즈 숏 : 오른쪽 위에 여백을 두어 그레이가 있음을 보여주는 컷

그 외에 풍경이나 사물을 촬영하는 숏으로 롱 숏, 미디엄 숏, 클로즈업 숏 등이 있고, 인물을 촬영하는 숏으로 클로즈업 숏, 바스트 숏, 웨이스트 숏, 니 숏, 풀 피겨 숏, 풀 숏 등이 있습니다. 그러나 아이와 함께 촬영한다면 이러한 용어들을 미리 익힐 필요는 없습니다. 영상에서 강조하고 싶은 부분은 크게 보여주고(클로즈업 숏) 장소나 위치, 풍경 등은 넓게 보여주면(롱 숏, 풀 숏) 됩니다. TV 드라마나 영화 등에서 흔히 쓰는 방식이니 이미 익숙할 겁니다. 처음부터 완벽한 영상을 촬영하려 하지 말고 아이와 함께 촬영 놀이를 한다고 생각하며 천천히, 재미있게 촬영해보세요.

영상 편집 프로그램에는 어떤 게 있나요?

유튜브를 시작할 때 가장 걸림돌이 되는 것이 영상 편집입니다. 라임파파가 처음 유튜브를 시작할 때에는 동영상 편집 프로그램이 대중적이지 않았지만, 최근에는 다양한 동영상 편집 프로그램이 나와 있어 접근하기가 쉽고 배우기도 쉽습니다. 이번에는 동영상 편집 프로그램을 알아보고 간단히 편집하는 방법을 익혀보겠습니다.

#동영상 편집 프로그램은 #프리미어 프로 #파이널컷 프로 #곰믹스 #아이무비 등 #다양합니다

가장 접하기 쉬운 프로그램으로 시작하기

동영상 편집 프로그램은 정말 다양합니다. 전문가가 사용하는 전문 편집 프로그램부터 스마트폰에서 사용할 수 있는 앱, 무료로 사용할 수 있는 간단한 프로그램까지 여러 가지가 있습니다. 처음에는 이 많은 편집 프로그램 중 어떤 것을 사용해야 하나 고민스러울 수 있습니다. 어떤 프로그램으로 배워야 쉽게, 고생하지 않고 영상 편집 기술을 익힐 수 있을까요? 꼼수는 없습니다. 이런저런 고민만 하기보다는 무작정 프로그램 하나를 정해 편집을 시작해보세요.

다양한 동영상 편집 프로그램(왼쪽부터 프리미어 프로, 파이널 컷 프로, 키네마스터, 곰믹스, 아이무비)

동영상 편집 프로그램은 크게 세 종류로 나뉩니다. 전문가들을 위한 프리미어 프로, 파이널 컷 프로가 있고 스마트폰에서 사용할 수 있는 키네마스터, 비바비디오, 아이무비 등이 있습니다. 그리고 무료로 사용할 수 있는 곰믹스, 뮤비메이커 등이 있습니다. 이 밖에도 다양한 프로그램이 있는데요. 대부분 명칭과 작업 화면이 조금씩 다를 뿐 컷 편집 위주의 단순 편집 같은 기본 기능은 다 갖추고 있습니다. 여기서 말하는 단순 편집은 촬영한 영상을 자르고 순서를 바꿔 나열하는 정도를 말합니다. 이외에도 색 톤 보정, 오디오 적용, 특수효과, 자막 삽입 등을 활용할 수 있습니다.

가장 접하기 쉬운 프로그램으로 시작하세요!

어떤 프로그램으로 학습하든 꾸준히 연습하다보면 금방 익숙해집니다. 라임파파가 보장할 수 있습니다. 그리고 아무거나 하나만 잘 연습하면 다른 프로그램에도 쉽게 접근할 수 있습니다. 프로그램 기능을 익히는 것은 마치 자동차 운전 기능을 익히는 것과 비슷합니다. 운전면허를 따기 위해 기능을 익혀두면 경차, 중형차, SUV 등 모든 자동차를 다 운전할 수 있는 것과 같습니다.

단순히 영상 편집이라고 하면 해보지 않은 분야이고 전문적인 느낌이 들어 부담스럽게 여기는 분들이 많습니다. 이 책을 읽고 있는 대부분의 부모님은 동영상 편집 전문가가 아닐 겁니다. 그러므로 처음에는 동영상 편집의 기본기 정도만 알고 있으면 됩니다. 모든 프로그램을 다 사용해보고 프로그램 기능을 전부 다 익힐 필요가 없습니다.

🍭 **라임파파's TALK** 라임파파는 〈라임튜브〉 영상을 만들면서 아이무비를 자주 사용합니다. 이유는 단순합니다. 라임파파가 아이폰과 맥북을 사용하기 때문입니다. 애플에서 제공하는 무료 편집 프로그램인 아이무비가 있기 때문에 따로 비용을 들여 프로그램을 구입하지 않았습니다. 어떤 프로그램을 쓸까 고민하지 말고 가장 접하기 쉬운 프로그램으로 시작하세요.

전문 편집 프로그램, 파이널 컷 프로 사용하기

현재 라임파파가 사용하는 전문 편집 프로그램은 파이널 컷 프로입니다. 〈라임튜브〉를 운영하면서 시간과 공간의 제약이 없는 작업 환경을 만들기 위해 맥북 프로를 구입했습니다. 몇 년 전만 해도 노트북 사양이 좋으면 상당히 무거웠습니다. 그래서 휴대가 간편하고 가벼운 노트북, 이동성이 좋으면서 사양도 좋은 노트북을 찾았는데 그게 바로 맥북 프로였습니다.

아이무비를 많이 사용하지만 좀 더 완성도 있는 영상을 만들기 위해 유료 프로그램인 파이널 컷 프로를 구입했습니다. 그 후로 여행지나 카페 등 어딜 가든 맥북만 꺼내면 바로 사무실이 된답니다.

라임파파가 사용하는 맥북 프로

큰 모니터와 노트북을 연결해 사용하는 모습

지금까지도 맥북 프로와 함께 파이널 컷 프로도 잘 사용하고 있습니다. 여러 해 사용하다보니 이제는 편집 노하우가 쌓여 여러 가지 합성이나 특수 효과가 적용된 영상도 만들게 되었습니다.

편집 프로그램은 자신이 처한 환경에 맞게 선택하면 됩니다. 정답은 없습니다. 가장 쉽게 접근할 수 있는 프로그램을 사용하세요. 처음부터 비용을 들여 프로그램을 구매하기보다 무료 프로그램 혹은 무료 체험판을 사용해본 후 결정하세요. 집에 윈도우 데스크톱이 있다면 윈도우 데스크톱을 기반으로 한 프로그램을 선택하고, 아이패드처럼 휴대하기 좋은 기기를 사용한다면 또 그에 맞는 프로그램을 선택하면 됩니다.

쉽게 따라 할 수 있는 영상 편집 과정을 알려주세요

영상 편집 과정은 매우 간단합니다. 먼저 촬영한 영상 소스를 프로그램에 불러와 배치합니다. 다음으로 영상 소스를 자르거나 붙이고 삭제하여 자연스러운 흐름으로 만듭니다. 이어서 배경음악과 적절한 영상 효과(자막, 특수효과)를 적용하여 유튜브에 업로드할 수 있는 파일 형식으로 저장합니다. 이번에는 간단한 따라 하기를 통해 영상 편집 과정을 익혀보겠습니다.

#프로그램은 달라도 #영상 편집 과정은 #똑같다 #쉽게 따라 하며 #배우기!

아이무비로 간단히 편집하기

라임이네 가족은 일상의 순간순간을 아이폰으로 촬영합니다. 따라서 아이무비를 사용해 편집하는 것이 효율적인데요. 평상시뿐 아니라 여행할 때도 아이폰으로 촬영한 영상을 바로 편집할 수 있어 매우 유용합니다.

아이무비 인터페이스(맥북 버전). 아이폰보다 더 많은 기능이 들어 있습니다.

TIP 아이무비 맥북 버전의 인터페이스는 전문 동영상 편집 프로그램처럼 구성되어 있습니다. 애플 계정이 있다면 기본 앱으로 제공되는 아이무비를 사용하는 것이 효율적입니다.

아이무비 아이폰 버전으로 편집하기

01 ❶ 아이폰에서 **아이무비**(iMovie) 앱을 실행한 후 ❷➕를 터치해 새 프로젝트를 생성합니다. ❸ 새로운 프로젝트로는 **동영상**을 선택합니다.

TIP • 프로젝트는 동영상을 만들 때마다 생성되는 폴더라고 생각하면 됩니다. 기본 상태에서는 '나의 동영상'으로 표시됩니다.
• 기본적으로 제공되는 템플릿을 활용하여 헐리우드 스타일의 예고편을 만들 수 있습니다. 템플릿을 활용해 편집해보는 것도 좋습니다.

02 ❶ 사진 폴더에서 편집할 영상을 선택하고 ❷ **동영상 생성**을 선택합니다.

03 ❶ 선택한 영상이 자동으로 배치됩니다. ❷ 플레이 버튼▶을 터치해 영상을 재생해보며, 영상을 자르고, 영상 클립의 위치를 바꾸며 정리합니다.

TIP 영상을 자르고 붙이는 등 편집할 때는 스마트폰을 가로로 눕혀 사용하는 것이 좋습니다.

04 더 알아보기 버튼❓을 터치하면 노란색 말풍선 형태로 각 버튼에 대한 설명이 나옵니다. 설명을 참고하여 영상을 편집합니다.

라임파파's **TALK** 화면 아래쪽에 있는 타임라인을 터치해 이리저리 밀어보면서 영상의 길이를 확인해보세요. 여기서는 영상을 클립이라고 하는데, 클립을 선택하면 좀 더 섬세하게 편집할 수 있습니다.

05 ❶ 영상 사이에 있는 연결 부분을 터치하면 영상과 영상을 어떻게 이어 붙일지 선택할 수 있습니다. ❷ 마음에 드는 영상 전환 효과를 적용합니다.

TIP 디졸브(Dissolve)는 앞에 배치된 화면이 점점 사라지고 뒤에 배치된 화면이 점점 나타나는 장면 전환 방법입니다.

06 ❶ 프로젝트 설정 버튼🔅을 터치하면 ❷ 색 톤이나 테마 등 필터 효과를 적용할 수 있습니다.

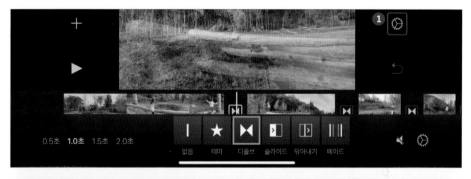

TIP 영상 전체에 프로젝트 필터를 설정하거나 테마를 선택할 수 있습니다. 이것저것 선택해보며 어울리는 효과를 적용합니다.

07 ❶ 추가 버튼 ➕ 을 터치하면 ❷ 사진이나 비디오, 오디오 등 파일을 추가할 수 있습니다. 영상에 어울리는 소스를 추가해봅니다.

08 ❶ **완료**를 터치하면 ❷ 나의 동영상 프로젝트 영상이 만들어집니다.

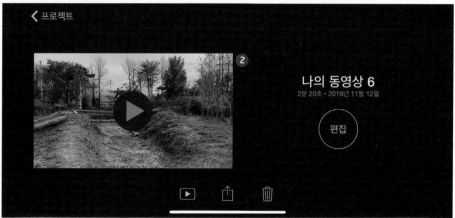

편집 기능 살펴보기

타임라인에 있는 클립을 터치하면 영상 소스를 편집할 수 있는 세부 메뉴가 나타납니다. 편집 기능의 세부 항목에 대해 알아보겠습니다.

+ 비디오 클립 및 사진 정렬하기 : 동작 버튼 ✂을 터치하면 비디오 클립을 다듬고 옮기거나 회전할 수 있습니다. 영상 시간이 긴 소스라면 클립의 중간중간을 잘라서 **나누기, 분리, 복제, 삭제**할 수 있습니다. 클립을 터치하여 선택한 상태로 드래그하면 클립을 옮길 수 있고 회전할 수도 있습니다.

+ 비디오 속도 조절하기 : 속도 버튼 을 터치하면 슬라이더를 움직여 속도를 조절할 수 있는데요. 하나의 영상 소스를 여러 개의 클립으로 분리하여 어느 부분은 느리게, 어느 부분은 빠르게 설정할 수 있습니다.

+ 오디오 음량 조절하기 : 오디오 버튼 을 터치하면 슬라이더를 움직여 영상 소스의 음량을 조절할 수 있습니다. 오디오를 0%로 만들어 음 소거하거나 100%로 만들어 음량을 크게 키울 수 있습니다.

+ 제목 추가 및 편집하기 : 제목 버튼T을 터치하면 제목이나 자막 등을 추가할 수 있습니다. 다양한 템플릿을 적용하여 콘텐츠에 제목을 넣을 수 있고 **중앙, 아래** 등으로 위치를 조절하여 편집할 수 있습니다.

+ 비디오 필터 추가하기 : 필터 버튼●을 터치하면 영상 소스에 색상 필터를 적용할 수 있습니다. 다양한 템플릿 필터가 있으므로 미리보기를 통해 선택하세요. 영상 전체나 각각의 클립에 필터를 적용할 수 있습니다.

파이널 컷 프로로 영상 편집하기

라임파파는 전문 편집 프로그램인 파이널 컷 프로를 사용합니다. 파이널 컷 프로는 전통적인 영상 편집 프로그램이므로 주요 메뉴와 기능을 잘 익혀둔다면 프리미어 프로 같은 다른 편집 프로그램도 잘 다룰 수 있을 겁니다.

01 라이브러리 만들기 ❶ [File]–[New]–[Library] 메뉴를 클릭해 ❷ 영상이 저장될 라이브러리를 먼저 생성합니다.

> **TIP** 파이널 컷 프로에서 라이브러리 개념은 매우 중요합니다. 자칫 폴더를 생성한다고 오해할 수도 있는데요. 파이널 컷 프로에서 라이브러리는 작업에 사용한 모든 편집 소스를 모아두는 곳입니다.

02 새 프로젝트 만들기 ❶ [File]-[New]-[Project] 메뉴를 클릭해 새 프로젝트를 만듭니다. ❷ 원하는 프로젝트 이름을 입력하고 ❸ 비디오 해상도는 1080p HD, 1920×1080으로 선택합니다. ❹ 프레임 수는 29.97p나 24p로 설정하고 ❺ [OK]를 클릭합니다.

TIP 비디오 프레임 항목에 대해 알아보겠습니다. 29.97프레임은 1초당 29.97장의 이미지를 저장합니다. 보통 TV 프로그램에 많이 사용하며 영상이 부드럽게 보입니다. 24프레임은 1초당 24장의 이미지를 저장합니다. 영화 영상은 24프레임을 사용합니다.

라임파파's TALK 〈라임튜브〉 영상은 부드러운 분위기를 내기 위해 29.97프레임을 사용합니다. 그러나 영화 같은 감성 영상을 표현하고 싶다면 24프레임으로 설정하는 것도 좋습니다.

03 영상 불러오기 [File]-[Import]-[Media] 메뉴를 클릭해 촬영한 영상 소스를 불러옵니다. 스마트폰으로 촬영한 영상이라면 미리 영상 소스를 데스크톱(노트북)에 옮겨두어야 합니다.

TIP 프리미어 프로나 곰믹스를 사용하더라도 영상을 불러오는 방법은 동일합니다.

04 영상 소스 배치하기 ❶ 라이브러리에 영상 소스가 들어오면 ❷ 편집 순서대로 타임라인에 배치합니다.

05 영상 자르고 배치하기 ❶ 머릿속에만 있던 이미지를 구현하기 위해 영상 소스를 자르거나 삭제하고 어울리는 위치로 옮깁니다. ❷ Trim이나 Blade 기능 등을 사용하여 클립의 길이를 조절합니다.

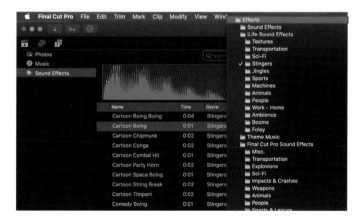

영상 편집 프로그램에 들어 있는 여러 기능을 활용하여 영상을 편집합니다. 타임라인에 배치한 영상 소스를 다듬거나 (Trim) 자르고(Blade) 이동(Position)하여 원하는 흐름의 영상 순서로 만듭니다. 이 책에서는 간단한 편집 과정만 소개하므로 좀 더 자세한 편집 과정은 전문 도서로 학습하는 게 효율적입니다.

06 사운드 이펙트 선택하기 영상에 어울리는 사운드 이펙트를 선택합니다. [Window]–[Effects] 메뉴에서 사운드 관련 폴더를 찾아 체크하거나 보유하고 있는 사운드를 선택해도 됩니다. 오디오 특수 음향효과로 생각하면 됩니다.

07 **사운드 이펙트 적용하기** 사운드 이펙트를 선택했다면 원하는 클립 위치에 사운드 이펙트를 적용합니다. 타임라인에서 사운드 이펙트가 적용된 것을 확인할 수 있습니다.

TIP 음악 삽입에 관한 자세한 내용은 **PART 04**의 '**QUESTION 09** 음악(배경음악, 효과음)은 어떻게 넣나요?'를 참고하세요.

08 **배경음악 적용하기** 마지막으로 영상에 배경음악을 깔아줍니다. 사운드 이펙트를 적용하는 것과 같은 방법입니다. 이때 배경음악으로 쓰일 음원은 유튜브 스튜디오의 **[기타 기능]-[오디오 라이브러리]** 메뉴에서 저작권에 문제가 없는 것으로 다운로드하여 사용합니다.

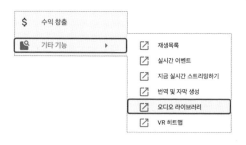

유튜브 스튜디오에서 제공하는 무료 음악 리스트. [아동] 장르에서 어울리는 음악을 찾습니다.

08 영상으로 출력하기 영상 편집이 마무리되었다면 영상을 출력해야 합니다. ❶ 내보내기
🔼 혹은 [출력하기] 메뉴를 선택한 다음 ❷ [Master File(default)] 메뉴를 클릭합니다.
❸ H.264 코덱 포맷을 선택하여 출력하면 됩니다.

TIP 동영상 포맷(Format)과 비디오 코덱(Video Codec)은 영상 파일을 동영상으로 변환할 때 설정하는 옵션입니다. 2019
년 기준으로 가장 보편적으로 사용하는 코덱은 H.264 포맷이며 mp4 확장자입니다. 가장 보편적인 코덱인 만큼 다양한 SNS 설
정을 지원하므로 H.264로 설정하는 게 좋습니다.

TIP 이번 실습에는 글자(자막, 효과 문구)를 넣는 실습은 진행하지 않았습니다. 자막, 문구 등을 넣는 자세한 내용은 PART 04의
'QUESTION 10 글자(자막, 효과 문구)는 어떻게 넣나요?'를 참고하세요.

음악(배경음악, 효과음)은 어떻게 넣나요?

키즈 콘텐츠를 시청하는 구독자들 대다수는 자막을 빠르게 읽지 못하는 어린이입니다. 한글을 모르는 외국인도 상당수를 차지합니다. 〈라임튜브〉의 구독자의 50%는 외국인입니다. 따라서 키즈 콘텐츠는 글자(자막, 효과 문구)보다 소리를 활용한 아이템이 많습니다. 이번에는 영상에 배경음악이나 효과음 등을 어떻게 넣는지 알아 보겠습니다.

#영상만 봐도 #이해할 수 있는 #소리 효과를 #적용할 수 있어요!

무료로 쓸 수 있는 음악 활용하기

음악은 영상을 좀 더 풍부하게 만들어주는 양념입니다. 영상에 배경음악이나 효과음을 입히면 영상을 보는 구독자가 영상에 좀 더 집중할 수 있습니다. 라임파파는 〈라임튜브〉 영상을 편집하며 오디오와 효과음을 사용해야 할 때는 파이널 컷 프로(편집 프로그램)에 포함된 음악이나 유튜브 스튜디오에서 제공하는 음악을 주로 사용합니다.

모든 음악에는 저작권이 있습니다. 따라서 확인되지 않은 음악보다는 공식적으로 '무료 제공(Free)'되는 음악을 사용하는 게 좋습니다. 〈라임튜브〉는 비용을 들여 테마 음악을 따로 만들고 있습니다. 전문 음악 감독과 협의해서 라임이의 메인 테마 곡과 동요 등 현재까지 30여 곡을 만들었습니다. 이를 통해 저작권 문제를 해결하고 〈라임튜브〉만의 차별화된 음악을 구축해가고 있습니다.

〈라임튜브〉만의 제작 음악 리스트

상황에 맞는 효과음 사용하기

배경음악과 효과음을 적절히 사용하면 영상의 재미가 극대화됩니다. 밋밋한 영상에 톡톡 튀는 효과음을 적용하면 눈과 귀가 영상에 집중되어 흥미진진하게 영상을 시청할 수 있지요. 이처럼 효과음은 영상에 강렬한 임팩트를 줄 때 사용합니다.

예를 들어볼까요? 라임파파가 골탕 먹는 장면이라면 라임파파가 클로즈업되는 화면과 함께 "띠용~ 깔깔깔깔(웃는 소리)" 하는 효과음이 추가됩니다. 이런 장면에 효과음을 사용하면 배경음악만 있는 영상보다 내용이 더 잘 전달됩니다.

라임파파에게 큰 귀가 생겨 놀라는 장면에는 "띠용" 하는 효과음을 넣습니다.

라임이가 방귀를 뀌는 장면에는 "뿌웅" 하는 효과음을 넣습니다.

콘셉트에 맞는 음악 유지하기

배경음악은 각 장면(시퀀스)에 맞는 색을 찾아 적절하게 적용해야 합니다. 영상의 클라이맥스에서는 빠른 비트의 음악을 쓰고 감동적인 부분에서는 감미로운 음악을 사용합니다. 이렇게 사용하다보면 주로 쓰는 음악이 정해질 텐데요. 그러면 그 음악을 내 채널의 테마 곡으로 사용하는 것도 좋은 방법입니다.

특정 음악을 반복적으로 사용하면 구독자들이 "아! 이제 웃기는 장면이 시작되나 보다!", "와! 이제 라임이가 슈퍼라임으로 변신하나봐!" 하고 예측하고 기대하게 됩니다. 의성어나 내레이션은 라임파파가 직접 녹음한 후 편집 과정에서 적용합니다.

〈라임튜브〉의 대표 테마 곡인 '라임송' 따라 하기(https://youtu.be/Q2APTqJ7gfU)

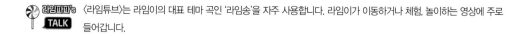

🍭 **라임파파's** 〈라임튜브〉는 라임이의 대표 테마 곡인 '라임송'을 자주 사용합니다. 라임이가 이동하거나 체험, 놀이하는 영상에 주로
TALK 들어갑니다.

TIP 유튜브 스튜디오에서 제공하는 무료 음악과 음향 효과는 오디오 라이브러리에 접속한 후 확인하세요. (https://www.youtube.com/audiolibrary)

라임파파는 의성어나 내레이션을 녹음하여 사용하기도 합니다. 파이널 컷 프로의 녹음 기능을 사용해 필요한 소리(음악, 의성어, 내레이션)를 녹음해두었다가 영상 소스에 어울리는 소리를 입힙니다.

파이널 컷 프로의 녹음 기능

아이폰으로 녹음할 때는 개러지밴드(GarageBand) 앱을 사용합니다. 원하는 소리를 녹음한 후 자유롭게 사용합니다.

개러지밴드의 오디오 레코더를 사용하여 녹음합니다.

글자(자막, 효과 문구)는 어떻게 넣나요?

영상에 글자(자막, 효과 문구)를 적용하면 좀 더 풍성한 콘텐츠를 만들 수 있습니다. 다만 키즈 콘텐츠를 시청하는 구독자의 성향을 파악하고 타깃 구독자층에 따라 꼭 필요할 부분에만 글자를 사용하는 것이 좋습니다. 이번에는 영상에 글자를 적용하는 방법을 알아보겠습니다.

#글자는 #소리가 들리지 않는 상황에서 #정보를 전달하는 #가장 좋은 방법입니다

영상 편집 프로그램에서 자막 입력하기

영상에 들어가는 글자(자막, 효과 문구)는 편집 과정에서 입력합니다. 라임파파는 파이널 컷 프로 프로그램을 사용하므로, 자막과 효과 문구는 [Titles] 메뉴의 템플릿을 확인한 후 원하는 텍스트를 입력해 작성합니다. 각 탭에 따라 애니메이션 효과가 적용되어 있어 상황에 맞는 것을 선택하여 사용하면 됩니다.

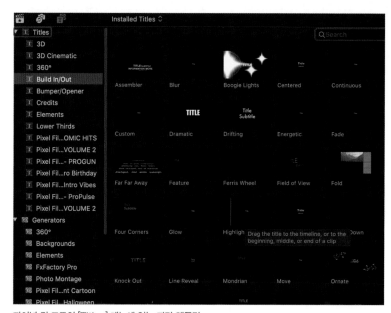

파이널 컷 프로의 [Titles] 메뉴에 있는 자막 템플릿

TIP   프리미어 프로, 곰믹스 등의 프로그램에도 자막을 입력할 수 있는 템플릿이 들어 있습니다.

구독자 수준에 따라 자막 사용 여부 결정하기

자막은 '읽어야 하는 요소'이므로 영상을 주로 시청하는 구독자의 연령층에 따라 사용 유무를 결정해야 합니다. 영상의 타깃층이 영상 흐름에 따라 자막으로 등장하는 한글을 읽을 수 있고 이해할 수 있는 연령대라면 적절하게 자막을 넣어주는 게 좋습니다.

〈라임튜브〉의 주 구독자는 전 세계 어린 아이들입니다. 그래서 읽어야 하는 자막보다 보디랭귀지인 몸짓이나 표정, 소리(음악, 효과음) 등의 연기를 통해 콘텐츠의 흐름과 의미를 전달합니다. 그러나 말소리가 제대로 전달되지 않을 때나 반드시 강조해야 하는 내용 혹은 정보를 전달해야 하는 상황에는 자막을 적절히 사용하고 있습니다. 타깃 구독자의 연령대가 초등학생 이상이라면 자막을 통해 의미를 전달하는 것이 좋습니다.

파이널 컷 프로에서 자막을 입력하는 편집 과정

자막을 효과적으로 활용하는 〈마이린 TV〉

저작권 확인은 어떻게 하나요?

저작권에 대해 궁금해하는 분들이 많습니다. 유튜브는 누구나 원하는 동영상을 업로드할 수 있고 다른 사람이 올린 영상을 볼 수 있는 공유 플랫폼입니다. 앞에서 장난감이나 다른 사람의 저작권, 초상권 등을 이야기했는데요. 이번에는 콘텐츠에 대한 저작권 개념을 이해하고, 나중에 저작권 문제가 생기지 않게 예방하는 방법에 대해 알아보겠습니다.

#저작권과 저작물, 초상권에 대해 #제대로 알아야 #문제가 생기지 않습니다!

저작권, 열 번 강조해도 지나치지 않아요

저작권은 '인간의 사상 또는 감정을 표현한 창작물에 대한 배타적, 독점적 권리'를 말합니다. 사전적 정의이므로 조금 어렵게 느껴지는데요. 쉽게 이야기하자면 우리가 알고 있는 유명한 글, 그림, 음악은 물론이고 폰트, 디자인, 영상 등 다양한 콘텐츠에는 모두 저작권이 있습니다. 다른 사람의 콘텐츠를 베끼지 않고 내가 직접 만든 콘텐츠라면 그 콘텐츠는 저작물이 되고, 내게는 저작권이 생깁니다.

> **TIP** 저작물의 유형은 다양합니다. 강의 · 기사 · 책 등의 '저술 작품', 그림 · 포스터 · 광고 · 디자인 등의 '시각 작품', 연극 · 뮤지컬 등의 '극 작품', TV 프로그램 · 영화 · 온라인 동영상 · 음원 및 음악 작품 등의 '시청각 작품' 등을 저작물이라고 합니다. 저작물을 만든 사람이 지닌 권리를 저작권이라 합니다. 저작권을 보호받으려면 저작물이 창의적이어야 하고 실재하는 매체에 보관되어 있어야 합니다. 따라서 아이디어나 생각, 감정 등에는 저작권이 적용되지 않습니다.

〈한국저작권위원회〉의 저작권이란 무엇인가(https://youtu.be/qylbtz-l6q8)를 참고하세요.

개인이 저작권을 전문적으로 확인하기는 매우 힘듭니다. 대부분의 영상이나 음악, 폰트, 디자인, 사진, 캐릭터 등의 저작물은 만든 사람이나 단체 혹은 기업이 저작권을 가지고 있습니다. 인물(얼굴 사진)에는 초상권이 있고요. 네이버나 구글 등 포털 사이트에서 검색한 이미지를 아무 생각 없이 사용했다가 나중에 소송에 휘말릴 수도 있습니다. 그러므로 본인이 직접 만들고 그린 것만 사용하는 게 마음 편합니다.

 라임파파's TALK 배경으로 보이는 상호나 간판, 사람들의 얼굴은 꼭 가려야 합니다. 앞서 '저작권과 초상권 지키기(92쪽)'에서 이야기했 듯이 타인의 초상권도 매우 중요하므로 꼭 보호해야 합니다. 출연 동의를 구하고 촬영해야 하지만 부득이하게 동의를 얻지 못했을 때는 블러 처리를 하여 얼굴이 보이지 않게 가려야 합니다. 상업적인 목적으로 촬영한 영상에 타인의 이미지가 동의 없이 그대로 들어갔다면 초상권을 침해하는 것입니다. 다만 뉴스 등 공공의 이익을 위해 만든 영상에 타인의 이미지가 들어갔다면 이는 초상권 침해에 해당하지 않습니다.

라임튜브는 이렇게 · 공유 저작물 활용하기

저작물에는 저작권에 대한 부담 없이 자유롭게 사용할 수 있는 공유 저작물이 있습니다. 최근에는 이러한 공유 저작물이 늘어나고 있어 다양하게 활용할 수 있습니다. 단 공유 저작물이라 해도 일부 사용에 제한이 있을 수 있거나 사용에 대한 조건이 있을 수 있으니 정확하게 확인하고 사용하는 것이 좋습니다.

+ 만료 저작물 : 저작자의 저작재산권 보호 기간이 만료된 저작물입니다. 저작권자 사망 후 70년이 지난 저작물을 말하며 고전소설 등이 포함됩니다.

+ 기증 저작물 : 저작권자가 국가에 저작재산권 등을 기증한 저작물입니다.

+ 자유 이용 허락 표시 저작물 : 저작자가 자신의 저작물을 일정한 조건을 걸고 일반 사용자가 자유롭게 사용할 수 있도록 자유 이용 허락 표시(CCL: Creative Commons License)한 저작물입니다. 이 같은 저작물은 한국저작권위원회의 공유마당(https://gongu.copyright.or.kr)에서 사용할 수 있습니다.

+ 공공 저작물 : 국가(정부)나 공공기관이 업무상 취득하여 관리하는 공공누리(KOGL: Korea Open Government License, 공공 저작물 자유 이용 허락 표시 제도) 저작물입니다. 공공누리 저작물은 공공누리(https://kogl.or.kr)에서 이용할 수 있습니다.

공유마당

공공누리

무료로 쓸 수 있는 폰트와 음악, 이미지

저작권을 일일이 확인하기도 힘들고 그렇다고 모든 소스를 다 창작해서 쓸 수도 없습니다. 이번에는 무료로 사용할 수 있는 폰트, 음악, 이미지 사이트를 소개합니다.

+ 폰트 : 무료로 쓸 수 있는 상업용 폰트가 있습니다. 네이버나 구글 등 포털 사이트 검색창에서 '무료 상업 폰트'를 검색해 무료로 쓸 수 있는 폰트를 찾아 사용할 수 있습니다. 혹은 눈누(https://noonnu.cc)에서도 무료로 쓸 수 있는 상업 폰트를 찾아 사용할 수 있습니다. 대표적인 무료 상업 폰트로는 네이버의 나눔서체나 우아한형제들의 배달의민족체, 티몬체, 빙그레체 등이 있으며 〈라임튜브〉는 배달의민족 폰트를 자주 사용합니다.

눈누에서 가져다 쓸 수 있는 무료 폰트

+ 음악 : 배경음악이나 효과음악은 유튜브 라이브러리를 사용합니다. MCN에 소속되어 있다면 다양한 음원을 제공받을 수 있겠지만, 유튜브에서 제공하는 음원만 사용해도 충분합니다. 다양한 장르와 콘셉트에 따라 음악을 검색하여 다운로드할 수 있습니다.

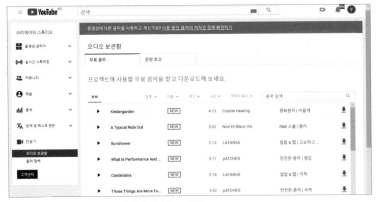

유튜브 라이브러리의 오디오 보관함에 담긴 무료 음악

라임파파's TALK 유튜브 오디오 라이브러리에서 다운로드한 음악은 자유롭게 사용할 수 있는 파일입니다. 그러나 가끔 저작자 표시 아이콘이 붙은 파일이 있을 수 있습니다. 이런 파일을 사용한다면 해당 동영상에 라이선스 관련 내용을 표기해야 할 수도 있으니 꼭 확인한 후 사용하세요.

+ 이미지 : 특정 배경이나 인물 이미지는 픽사베이(https://pixabay.com)에서 검색한 후 사용하세요. 백만 개가 넘는 고품질 사진과 일러스트 등을 확인하고 무료로 쓸 수 있습니다. 원하는 키워드로 검색하면 관련 이미지들이 뜨는데, 한글보다는 영어로 검색해야 더 많은 자료를 찾을 수 있습니다. 〈라임튜브〉는 셔터스톡(https://www.shutterstock.com)에서 이미지를 찾기도 하는데요. 유료 회원으로 가입하여 다양한 이미지를 찾아 사용하고 있습니다.

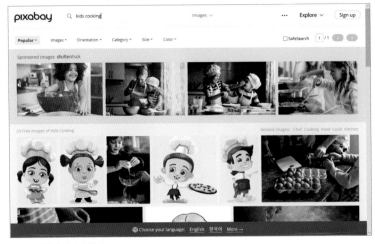

픽사베이에서 이미지 찾기

영상 길이는 몇 분 정도가 적당한가요?

영상 편집을 해보면 1분짜리 영상을 만드는 것도 어렵습니다. 그래서 영상 길이가 길면 길수록 부담도 커집니다. 유튜브 영상이 재생되는 동안에도 구독자들은 다른 콘텐츠나 채널로 이동할 가능성이 높으므로 짧은 시간 안에 구독자가 이탈하지 않도록 편집하는 것이 중요합니다. 이번에는 키즈 콘텐츠에 알맞은 영상 시간에 대해 알아보겠습니다.

#키즈 콘텐츠의 #동영상 길이는 #몇 분이 #적절할까요? #너무 길면 #편집이 #힘들어요

영상 콘셉트에 맞는 영상 길이를 알아야 한다

키즈 콘텐츠를 만들다보면 자기 객관화를 유지하기가 힘듭니다. 특히 사랑스러운 내 아이와 함께 만든 영상이므로 더욱 냉정하게 볼 수 없습니다. 내 아이가 너무 사랑스러워서, 놀이하는 시간이 너무 즐거워서 몇 십 분짜리의 영상을 만들 수도 있습니다. 그런데 이 영상을 보는 사람도 그 몇 십 분이 즐거울까요?

키즈 콘텐츠를 시청하는 구독자는 어린아이들입니다. 아이들은 집중력이 매우 낮아 중간에 재미가 없거나 지루해지면 바로 다른 콘텐츠나 채널로 옮깁니다. 손가락으로 터치 한 번만 하면 재미있는 영상이 재생되거든요. 특히 추천 영상으로 뜨는 재생 목록을 보게 되면 한 영상에 오랫동안 집중하기 힘들 겁니다.

〈라임튜브〉를 시청할 때 아래쪽에 나타나는 추천 영상

구독자가 집중할 수 있는 분량의 영상을 만드는 게 좋습니다. 특히 콘셉트에 알맞은 분량은 어느 정도 정해져 있습니다. 콘텐츠별로 알아보겠습니다.

+ 제품 리뷰 : 장난감이나 문구 용품 등의 제품을 리뷰하는 콘텐츠 영상은 4~7분 정도의 길이면 적당합니다. 언박싱하는 인트로와 제품을 하나하나 설명하는 부분, 제품을 가지고 노는 부분이 모두 포함되어야 하므로 7분 내외로 만드는 것이 좋습니다.

〈콩순이 장난감 펭이와 말하는 청진기 병원놀이 장난감〉_이 콘텐츠의 길이는 7분 41초입니다.

+ 먹방 : 먹방 콘텐츠 영상은 2~3분 길이면 적당합니다. 음식을 소개하는 부분, 음식을 먹는 부분, 구독자에게 맛을 설명하는 부분이 포함되어야 하는데 5분을 넘지 않게 만드는 것이 좋습니다. 단, 음식 양이 많다면 분량이 조금 늘어나도 괜찮습니다.

〈신비아파트 신비 케이크 먹방 놀이〉_이 콘텐츠의 길이는 3분 13초입니다.

+ 보드게임 : 출연자가 보드게임하는 콘텐츠는 게임 룰에 따라 차이가 있지만 대부분 8~10 분 분량입니다. 게임을 설명하고 게임 진행하기, 승패 가리기, 벌칙 등의 내용이 들어가야 하므로 다른 콘텐츠보다 약간 길게 만듭니다.

〈뽕망치 누가 맞을 것인가? 텀블링몽키 보드게임 챌린지〉_이 콘텐츠의 길이는 10분 17초입니다.

+ 체험 : 키즈 카페에서 놀기, 직업 체험하기, 여행하기 등 아이가 체험하는 콘텐츠는 짧은 분량과 긴 분량으로 나눌 수 있습니다. 여행지 정보를 부각하고 싶다면 10분 이상의 분량으로 로 만드는 것이 좋으며, 체험 위주의 영상이라면 2~3분 분량으로도 충분합니다. 정보를 제공해야 한다면 이동·도착·체험에 대한 소개, 체험 등이 다 들어가야 해서 길어집니다. 그러나 즐거웠던 순간만 담은 스케치 영상이나 체험하는 부분만 전달하고 싶다면 짧은 길이로 편집해도 충분히 에너지를 전달할 수 있습니다.

〈의사가 된 라임! 키자니아 어린이 직업체험을 하다!〉_이 콘텐츠의 길이는 12분 45초입니다.

라임파파's TALK 키즈 콘텐츠를 소비하는 대부분의 구독자(아이)는 한 채널에서만 영상을 보지 않습니다. 추천되는 다양한 영상 목록을 통해 키즈 콘텐츠의 바다를 돌아다니며 영상을 봅니다. 처음에는 〈라임튜브〉를 보더라도 어느 순간 미국이나 유럽의 키즈 콘텐츠를 소비하고 있을 수 있죠. 따라서 영상을 길게 만들 필요가 없습니다. 중요한 건, 재미가 있거나 정보가 있는 영상 혹은 그 두 가지가 다 있는 영상으로 만들어야 한다는 겁니다.

평균 시청 시간 확인하기

〈라임튜브〉의 영상 길이는 대개 2분~2분 30초 정도입니다. 이는 여러 번의 시행착오 끝에 설정한 시간입니다.

유튜브에서는 채널 통계 분석 자료를 제공하는데요. 그중 '시청 시간 보고서'가 있습니다. 내 채널과 콘텐츠를 '누가, 언제, 얼마나 시청'하는지 파악할 수 있는 아주 중요한 자료입니다. 키즈 채널을 만들고 동영상을 올리기 시작한다면 주기적으로 동영상의 소비량 즉, 시청 시간을 체크해봐야 합니다. 구독층에 따라 구독자의 영상 소비 패턴이 다르므로 분석 자료를 통해 어떤 콘텐츠를 만들어야 할지 판단할 수 있습니다.

TIP 채널을 개설하고 동영상을 업로드해야만 분석 자료를 확인할 수 있습니다. 유튜브 채널을 만드는 방법은 바로 다음에 이어지는 'QUESTION 13 유튜브 채널은 어떻게 만드나요?'를 참고하세요.

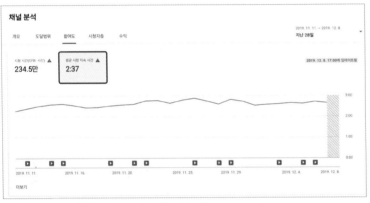

채널 분석을 통해 도출한 〈라임튜브〉 평균 시청 지속 시간

라임파파가 시청 시간 보고서를 통해 도출한 결론이 2분~2분 30초입니다. 〈라임튜브〉 전체 영상의 평균 시청 시간이 바로 2분~2분 30초였기 때문이죠. 그래서 대부분의 영상을 이 시청 시간을 토대로 하여 만듭니다. 편집에 공을 들여 10분 이상 되는 영상을 만들어도 내 구독자들이 2분 정도만 본다면 나머지 8분은 의미가 없습니다. 냉정하게 들리겠지만 사실이에요. 구독자가 원하는 콘셉트의 영상을 구독자가 원하는 시간으로 만들어야 합니다.

라임파파's TALK 키즈 채널에 동영상을 여러 개 업로드했다면 구독자의 영상 소비 패턴을 자주 확인하고 그에 맞는 영상 길이로 점차 조절하세요.

QUESTION 13

유튜브 채널은 어떻게 만드나요?

우리 아이와 함께 키즈 콘텐츠를 만들기로 하고 영상을 촬영한 후 편집까지 했다면 이제 유튜브 채널을 만들어야 합니다. 이미 유튜브를 시청하고 있다면 구글 계정이 있을 텐데요. 그렇다면 유튜브 채널을 만드는 건 어렵지 않습니다. 이번에는 키즈 콘텐츠를 업로드할 나만의 유튜브 채널을 만드는 방법에 대해 알아보겠습니다.

#구글 계정이 있다면 #유튜브 채널도 #만들어집니다 #유튜브 안의 우리 집 #채널 만들기

나만의 유튜브 채널 만들기

유튜브에 동영상을 업로드하려면 반드시 채널을 개설해야 합니다. 채널은 나만의 공간이자 구독자와 소통하는 공간이기도 합니다. 채널이 없으면 정성껏 만든 키즈 콘텐츠를 업로드할 수도, 구독자와 소통할 수도 없습니다.

유튜브는 구글(Google)에서 제공하는 서비스이므로 구글 계정이 있다면 바로 유튜브에 접속해서 로그인하면 됩니다. 구글 계정이 없다면 구글(http://google.com)에 접속하여 구글 계정을 만듭니다. 구글 계정을 만들기 위한 주소는 '@gmail.com'입니다.

01 ❶ 유튜브에 접속하고 ❷ **로그인** 👤을 클릭해 ❸ 구글 계정으로 로그인합니다.

> **TIP** 유튜브는 구글 서비스이므로 구글에서 제공하는 웹 브라우저인 크롬(Chrome)을 사용하는 것이 좋습니다. 크롬 브라우저를 사용하면 동영상 업로드가 아주 쉬워집니다. 동영상을 업로드하는 방법은 PART 04의 'QUESTION 15 동영상을 어떻게 올리나요?'를 참고하세요.

02 ❶ 오른쪽 상단에 있는 **내 계정** 👤을 클릭합니다. ❷ 그러면 구글 계정을 관리할 수 있는 세부 메뉴가 나타납니다. 여기에서 [채널 만들기]를 클릭합니다.

TIP 이미 유튜브에 채널을 만들었다면 해당 메뉴가 [내 채널]로 나타납니다. 이때에는 [내 채널]을 클릭하여 동영상을 업로드하면 됩니다.

03 **크리에이터 활동 시작하기** 팝업 창이 나타납니다. ❶ **시작하기**를 클릭하면 채널 생성 방식을 선택할 수 있습니다. 키즈 크리에이터 활동을 하기 위한 채널이므로 브랜드를 하나 만드는 것이 좋습니다. ❷ **맞춤 이름 사용** 영역의 **선택**을 클릭합니다.

04 **채널 이름 만들기** 페이지가 나타납니다. 채널 이름 칸에 브랜드 이름 등 원하는 이름을 입력할 수 있습니다. 채널 이름은 언제든지 변경할 수 있지만 처음부터 제대로 된 이름을 입력하는 것이 좋습니다. ❶ **채널 이름**을 입력하고 ❷ 확인란에 체크 표시한 후 ❸ **만들기**를 클릭합니다.

05 드디어 유튜브 채널이 생성되었습니다. 스크롤을 내려 ❶ 프로필 사진을 업로드하거나 ❷ 채널 설명 등을 입력할 수 있습니다. 이 부분은 바로 설정하지 않아도 됩니다.

06 내 채널 페이지가 나타납니다. 아직 정식으로 활동을 시작하지 않았으므로 **동영상을 업로드하여 시작하기** 화면이 나타납니다. **채널 맞춤설정**을 클릭해 채널의 세부 내용을 설정할 수 있습니다.

TIP 좀 더 자세한 설명이 필요하다면 화면 아래의 [시작하는 방법 알아보기]를 클릭하여 유튜브 크리에이터 아카데미 과정을 참고하세요. [채널 대시보드]를 통한 채널 및 동영상 관리에 관한 내용은 206쪽을 참고하세요.

내 유튜브 채널 확인하기

01 ❶ 유튜브에 접속한 후 왼쪽 상단의 **메뉴** ≡ 를 클릭합니다. ❷ 유튜브 세부 메뉴가 나타나면 스크롤을 내려 **설정**을 클릭합니다.

02 내 계정 설정 페이지가 나타납니다. 유튜브에서 내 모습이 보이고 내가 보는 방식을 선택할 수 있습니다. 채널 상태 및 기능, 채널 추가, 관리 등에 대한 설정을 할 수 있습니다.

03 **채널 추가 또는 관리**를 클릭하면 채널 관리 페이지로 이동합니다. 여기서 새 채널을 만들거나 다양하게 관리할 수 있습니다. 〈라임튜브〉는 이미 채널을 여러 개 생성하여 관리하고 있습니다.

🍭 **라임파파's TALK** 채널 이름은 사람들이 기억할 수 있게 간결하고 개성 있게 만들면 좋습니다. 아이의 이름을 넣어 만들어도 좋고 콘셉트를 살린 이름도 좋습니다. 다만 다른 채널과 혼동되지 않도록, 나만의 독특한 이름을 만들어야 합니다. 그리고 구독자들이 기억하기 좋은 이름이어야겠죠?

내 유튜브 채널, 효과적으로 관리하려면?

유튜브는 누구라도 쉽게 유튜브 서비스를 이용할 수 있도록 '크리에이터 아카데미' 과정을 제공하고 있습니다. 구글 계정으로 유튜브 채널을 만들었다 하더라도 아직 막막한 것들이 많을 텐데요. 이럴 때는 유튜브 크리에이터 아카데미 과정을 참고하면 좋습니다.

유튜브 크리에이터 아카데미(https://creatoracademy.youtube.com)에 접속하면 유튜브 사용 방법을 쉽게 익힐 수 있는 다양한 강의 과정을 영상으로 확인할 수 있습니다.

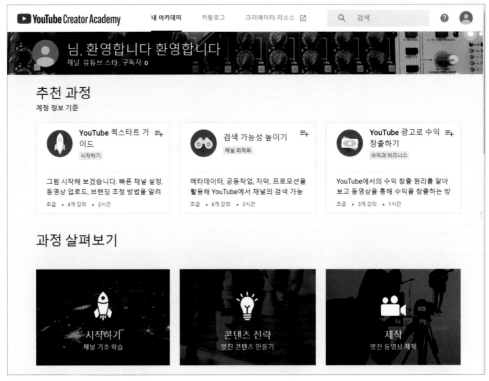

유튜브 크리에이터 아카데미

유튜브 크리에이터 아카데미에서는 계정 정보를 기준으로 다양한 과정을 추천합니다. 초보자를 위해 유튜브 기초 학습부터 검색 기능, 광고 수익, 콘텐츠, 제작/편집에 관한 내용까지 다양한 전문 지식을 익힐 수 있습니다.

라임튜브는 이렇게 · VidIQ 활용하기

유튜브는 구글 서비스이므로 구글에서 만든 크롬 브라우저를 활용하는 것이 좋습니다. 하나 더, 크롬 브라우저와 함께 VidIQ를 활용해보세요. VidIQ는 유튜브 운영을 분석해주는 프로그램으로, 내 채널의 데이터를 기반으로 한 다양한 분석 내용을 제시해줍니다. 특히 추천 영상, 추천 태그 및 집계를 사용할 수 있어 매우 유용합니다.

VidIQ에서 분석하기

채널 아트는 어떻게 만드나요?

유튜브 채널을 만들었다면 채널을 브랜딩해야 합니다. 사실 유튜브 사용법은 어렵지 않습니다. 유튜브 크리에이터 아카데미 과정을 몇 번만 학습하면 모든 기능을 익힐 수 있지요. 그러나 유튜브 채널 브랜딩은 조금 어렵게 느껴집니다. 채널 브랜딩의 꽃은 채널 아트라고 할 수 있습니다. 이번에는 채널 아트를 적용하는 방법에 대해 알아보겠습니다.

#유튜브 채널의 메인 화면 #채널 아트 만들기 #디바이스에 따른 #화면 차이를 #기억하세요

채널의 대문, 채널 아트 만들기

채널 아트는 유튜브 채널 상단에 있는 큰 배너 이미지입니다. 채널에 접속하면 바로 보이는 화면이므로 채널의 콘셉트에 맞게 잘 꾸며야 합니다. 페이스북의 커버 사진이나 블로그 배너와 비슷한 개념이라고 생각하면 쉽지요. 채널 아트는 구독자나 내 채널을 처음 방문한 사람들에게 처음 보이는 화면이므로 좋은 인상을 줄 수 있게 만들어야 합니다. 채널의 콘셉트와 정체성을 잘 보여주면서 개성을 표현하는 게 좋습니다.

채널을 처음 개설하면 모든 곳이 비어 있습니다.

〈라임튜브〉 채널 아이콘과 채널 아트

01 ❶ ❷ 채널 아트 영역에 마우스 포인터를 올리면 채널 아이콘 영역과 채널 아트 영역에 수정 표시 ✎ 가 나타납니다. ❸ **채널 아트 추가**를 클릭합니다.

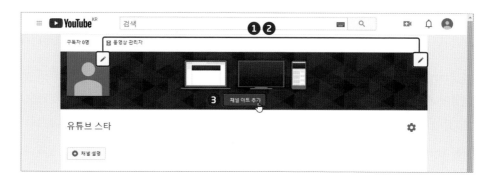

02 채널 아트를 등록할 수 있는 **사진 업로드** 화면이 나타납니다. **컴퓨터에서 사진 선택**을 클릭해 사진을 가져올 수 있습니다. 크롬을 사용한다면 원하는 사진을 드래그 앤 드롭하여 쉽게 가져올 수 있습니다. 추천 크기는 2560×1440입니다. 최대 파일 크기는 6MB이므로 해상도와 크기를 잘 확인한 후 등록합니다.

TIP 스마트폰이나 패드 등 휴대 기기에서는 채널 아이콘이나 채널 아트를 수정할 수 없습니다. 데스크톱 컴퓨터에서 채널 아트를 등록합니다.

콘셉트를 살린 채널 아트

채널 아트는 채널이 어떤 주제로 영상을 만드는지 알려주는 대표 이미지입니다. 따라서 채널의 콘셉트를 제대로 보여주는 브랜딩 요소가 되지요. 채널 아트는 채널 이름과 주인공(키즈 크리에이터), 채널의 주제, 콘셉트 분위기를 알려주는 이미지로 구성하는 것이 좋습니다.

〈라임튜브〉 채널을 운영하던 초창기에는 라임이가 진행하는 채널임을 알리기 위해 귀여운 라임이 사진과 라임튜브 로고를 넣어 제작했습니다. 라임이의 밝은 에너지를 바탕으로 과학, 음악, 미술 등의 콘텐츠를 보여주는 방향으로 제작했죠. 그렇게 2년 정도 사용하다가 현재는 슈퍼라임 캐릭터를 활용한 채널 아트로 변경했습니다. 변경된 채널 아트는 이전에 비해 깔끔하게 정돈되어 보입니다. 이제 와서 하는 말이지만 예전 채널 아트는 조금 정신 없어 보이기도 합니다.

라임TV로 표현한 채널 아트

라임튜브 채널 이름을 넣고 라임이 사진으로 구성한 채널 아트

슈퍼라임 캐릭터를 넣은 현재의 채널 아트

채널 아트 만들 때 유의할 점

키즈 콘텐츠를 만드는 채널은 아이들이 좋아하는 밝은 콘셉트로 구성하는 것이 좋습니다. 혹은 누가 봐도 '아, 이 채널은 키즈 채널이구나!' 하고 알 수 있게 만드는 것이 좋습니다. 그렇다면 채널 아트를 어떤 프로그램으로 구성해야 할까요? 정답은 없습니다. 채널의 특징을 잘 나타낼 수 있는 사진을 찍어 활용해도 되고 직접 그린 그림을 사용해도 됩니다. 혹은 포토샵으로 사진을 합성해 사용해도 되고요.

이때 중요한 것이 있습니다. 바로 '기기에 따라 채널 아트가 다르게 보일 수 있다'는 점입니다. 유튜브를 사용하는 기기의 종류에 따라 채널 아트의 좌우가 잘린 채 보일 수 있습니다. 그러므로 채널 아트에 글이나 로고 등을 입력할 때에는 좌우가 잘리지 않도록 주의해야 합니다.

채널 아트를 올리기 전 기기에 따른 차이를 확인해야 합니다.

데스크톱, TV, 모바일, 패드 등 기기에 따라 가로가 길게 보일 수도, 가로가 잘린 채 짧게 보일 수도 있습니다. 채널 아트를 업로드할 때 보여지는 이미지를 잘 체크해야 합니다. 모든 화면에서 잘 보이게 하려면 각 기기마다 한 번씩 체크하며 수정하여 제대로 된 이미지를 등록하는 게 좋습니다.

데스크톱에서 보이는 채널 아트

모바일에서 보이는 채널 아트

라임파파's TALK 채널 아이콘은 채널 아트처럼 채널의 개성을 표현하는 중요한 요소입니다. 댓글을 쓰거나 영상을 업로드할 때 보이는 프로필 사진이므로 대표 이미지를 사용해야 합니다. 채널 아이콘은 로고나 크리에이터의 얼굴 혹은 크리에이터의 개성을 잘 보여주는 캐릭터를 사용합니다. 〈라임튜브〉는 슈퍼라임 얼굴을 사용했습니다.

QUESTION 15

동영상을 어떻게 올리나요?

아이와 함께 잘 기획한 영상을 촬영하고 편집하여 완성본을 만들었다면 이제 유튜브 채널에 업로드할 일만 남았습니다. 이번에는 유튜브 라이프에 풍덩 빠질 수 있는 동영상 업로드 방법을 알아보겠습니다. 동영상을 쉽게 올리고 섬네일을 적용하는 방법, 간편하게 스마트폰에서 업로드할 수 있는 방법까지 알아보겠습니다.

#동영상을 #업로드해야 #진정한 유튜브 라이프가 #시작됩니다

데스크톱에서 동영상 업로드하기

유튜브에 접속하여 채널을 만들었다면 이제 정성껏 만든 동영상을 업로드할 일만 남았습니다. 사실 동영상을 업로드하는 방법은 쉽습니다. 다른 SNS와 마찬가지로 업로드하는 버튼을 클릭하여 동영상을 등록하면 되거든요. 절대 어렵지 않습니다.

동영상을 업로드하는 가장 쉬운 방법은 다음과 같습니다.

01 ❶ 유튜브 메인 화면에서 **동영상 또는 게시물 만들기**▣를 클릭하고 ❷ **[동영상 업로드]**를 클릭합니다.

02 동영상 업로드 화면이 나타나면 업로드할 파일을 선택하여 드래그 앤 드롭합니다. 크롬 브라우저를 사용하지 않거나 동영상을 찾아야 하는 상황이라면 파일 선택을 클릭하여 불러와도 됩니다.

🍭 **라임파파's TALK** 앞서 유튜브 라이프를 제대로 즐기려면 크롬 브라우저를 사용하는 것이 좋다고 언급했는데요. 이렇게 동영상을 업로드할 때에도 크롬 브라우저를 사용하면 업로드 과정이 간단해집니다. 커다란 화살표 모양의 버튼이나 파일 선택 버튼을 클릭하지 않아도 동영상을 찾아 드래그 앤 드롭하면 동영상이 업로드되기 때문이죠.

03 이제 동영상을 업로드할 수 있는 화면이 나타납니다. 크게 '세부정보 입력→동영상 요소 선택→공개 상태 설정' 단계를 통해 동영상을 업로드할 수 있습니다. ❶ **제목(필수 항목)**에는 영상의 주제가 부각도록 제목을 작성합니다. 제목+설명+검색용 태그 키워드를 넣으면 좋습니다. ❷ **설명(필수 항목)**에는 제목과 일치하는 단어를 사용하여 입력합니다. 단어가 일치되면 유튜브 검색 알고리즘이 정확하게 동작합니다.

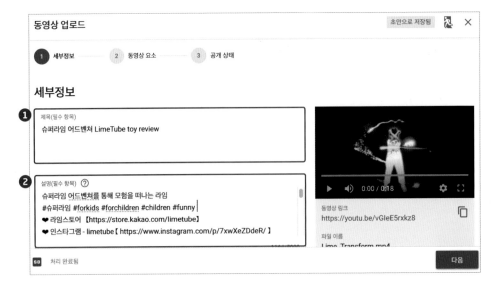

04 ❶ 스크롤을 내려 **미리보기 이미지**를 설정합니다. 미리보기 이미지는 영상의 주제를 잘 보여주는 이미지로 만들어야 합니다. ❷ 연결되는 동영상이 있다면 **재생목록**에 추가합니다. 필수 항목이 아니므로 설정하고 싶지 않다면 건너뛰어도 됩니다.

TIP 미리보기 이미지는 섬네일이라고도 합니다. 섬네일은 동영상의 내용을 잘 알려주면서 눈에 띄고 시청자의 관심을 끄는 이미지가 좋습니다. 동영상을 업로드하면 자동으로 미리보기 이미지가 추출되는데요. 직접 미리보기 이미지를 제작하여 설정할 수도 있습니다.

05 **시청자층**은 반드시 설정해야 하는 항목입니다. ❶ 아동(14세 미만 영유아)을 대상으로 한 동영상이라면 **예, 아동용입니다**에 꼭 체크해야 합니다. ❷ 세부 항목을 설정하기 위해 **옵션 더보기**를 클릭합니다.

동영상 업로드   초안으로 저장됨 ✕

① 세부정보 ——— ② 동영상 요소 ——— ③ 공개 상태

시청자층

아동용 동영상인가요? (필수항목)

위치에 상관없이 모든 크리에이터는 아동 온라인 개인정보 보호법(COPPA) 및 기타 법률을 준수해야 할 법적인 의무가 있습니다. 아동용 동영상인지 여부를 크리에이터가 지정해야 합니다. 아동용 콘텐츠란 무엇인가요?

○ 예, 아동용입니다 ❶

○ 아니요, 아동용이 아닙니다

﹀ 연령 제한(고급)

[옵션 더보기] ❷

동영상 링크
https://youtu.be/vGleE5rxkz8

파일 이름
Lime_Transform.mp4

라임파파's TALK 키즈 콘텐츠에는 개인 맞춤(타깃) 광고 및 알람 동의 기능이 제공되지 않습니다. 유튜브는 아동 보호를 위해 유해한 콘텐츠를 제한하고 있으므로 해당 정책을 제대로 따르는 것이 좋습니다.

06 세부정보 항목이 더 나타납니다. 유료 프로모션, 태그, 언어 및 자막(CC), 녹화 날짜 및 위치, 라이선스 및 배포, 카테고리, 댓글 및 평가 항목을 설정할 수 있습니다. 해당 항목 아래에 자세한 설명이 나와 있으니 참고하여 설정합니다. 특히 태그와 카테고리는 시청자가 해당 영상을 잘 찾을 수 있게 도와주는 항목이니 꼼꼼하게 기입합니다. 모두 체크한 후 **[다음]**을 클릭해 다음 단계로 넘어갑니다.

TIP 동영상 업로드 화면의 오른쪽 상단을 보면 이전 버전으로 업로드할 수 있는 버튼이 있습니다. 유튜브 동영상 업로드 방식은 현재 크리에이터스 스튜디오가 만들어지면서 변경되었습니다. 따라서 지금의 업로드 방식이 어렵다면 이전 버전으로 업로드해볼 수도 있습니다.

07 동영상 요소를 설정합니다. 여기서는 바로 [다음]을 클릭해 넘어갑니다.

TIP 최종 화면 추가 : 최종 화면은 동영상 끝부분에 다른 동영상이나 채널을 홍보할 수 있는 요소를 삽입하여 더 많은 구독자를 확보할 수 있는 수단입니다. 템플릿을 활용하여 요소를 추가할 수 있으며 현재 업로드하는 동영상 외에 다른 동영상(콘텐츠)이나 재생목록이 있어야만 등록할 수 있습니다.

카드 추가 : 카드 기능은 동영상 재생 중에 콘텐츠를 홍보할 수 있는 기능입니다. 사용 방법은 최종 화면 추가와 비슷합니다. 동영상 또는 재생목록, 다른 채널을 홍보할 수 있고 설문조사도 추가하여 진행할 수 있습니다. 차후 채널 운영, 홍보, 브랜딩에 매우 중요한 요소입니다.

[최종 화면 추가]와 [카드 추가]에 대한 자세한 내용은 ' QUESTION 16 채널 대시보드와 동영상 메뉴는 어떻게 활용하나요?'를 참고하세요.

08 공개 상태를 설정합니다. ❶ **지금 게시**를 선택해 처리가 끝나는 대로 동영상을 게시할 수도 있고 **예약**을 선택해 동영상 게시 날짜와 시간을 선택할 수도 있습니다. ❷ 모든 설정을 마무리했다면 [**완료**]를 클릭해 동영상을 업로드합니다.

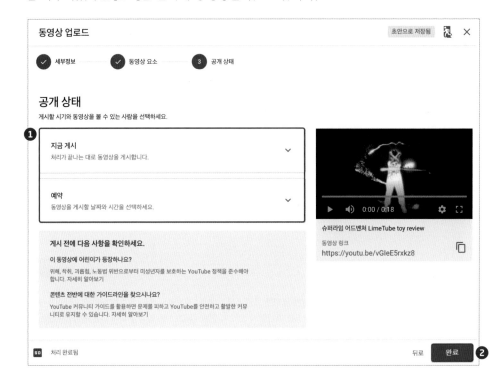

권한 및 수익, 광고 적합성 확인하기

이미 채널을 운영하고 있고 수익이 발생했다면 동영상을 업로드할 때 조금 다른 과정이 추가됩니다. 바로 권리 관리, 수익 창출, 광고 적합성 항목입니다.

+ 권리 관리 : 업로드 정책은 'Monetize in all countries'로 설정합니다.

+ 수익 창출 : 광고 유형을 선택할 수 있습니다. 다양한 광고 유형 중 원하는 유형을 선택하여 동영상에 적용할 수 있습니다.

+ 광고 적합성 : 광고를 적용해도 되는지 각 항목에 맞추어 최종 검수합니다. 해당 사항이 없 다면 맨 아래에 있는 **해당 사항 없음**에 체크 표시하여 다음으로 넘어갑니다.

스마트폰에서 동영상 업로드하기

스마트폰으로 간단히 촬영한 동영상을 데스크톱에 옮기지 않고 바로 유튜브에 업로드할 수 있습니다. 앞서 아이무비로 동영상을 편집하는 방법에 대해 알아보았는데요. 이렇게 만들어진 동영상을 유튜브에 바로 업로드할 수 있습니다.

01 ❶ 모바일용 YouTube 앱을 실행한 후 ❷ 상단에 있는 **동영상 및 게시물 만들기** 📷 를 터치합니다. ❸ 아래쪽에 **만들기** 항목이 나타납니다. 동영상, 실시간, 스토리, 게시를 선택할 수 있습니다. 여기서 **동영상**을 터치해 선택합니다.

02 ❶ 스마트폰에서 편집한 동영상을 선택하여 ❷ 세부정보를 추가한 후 동영상을 업로드합니다.

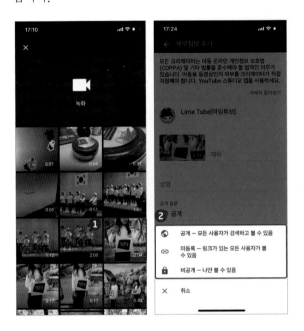

🍭**라임파파's** **TALK** 스마트폰으로 동영상을 업로드하는 과정은 데스크톱에서 업로드하는 과정에 비해 상당히 간단합니다. 그러나 태그, 재생 목록 등 세부 설정은 유튜브 스튜디오를 통해 설정해야 합니다. 즉, 데스크톱에서만 설정할 수 있는 항목이 있습니다. 따라서 스마트폰에서 동영상을 업로드해도 데스크톱에서 한 번 더 수정해야 하므로 조금 번거롭습니다. 여행 중이거나 컴퓨터를 사용할 수 없는 상황이 아니라면 데스크톱을 이용해 동영상을 업로드하고 데이터를 관리하는 것이 좋습니다.

영상의 주제를 드러내는 미리보기(섬네일)

미리보기 이미지는 제목이나 태그만큼 중요한 요소입니다. 유튜브에서는 내가 선택한 영상이 아니라면 미리보기 이미지만 보이기 때문입니다. 따라서 미리보기 이미지는 누가, 무엇을 가지고, 어떻게, 하는지 잘 보여줘야만 잘 만들어진 것이라 할 수 있죠. 앞서 동영상을 업로드할 때 미리보기 이미지를 선택할 수 있었습니다. 그런데 자동으로 표시되어 보여지는 이미지는 시청자에게 매력적으로 보이지 않을 가능성이 높습니다. 그래서 직접 제작한 미리보기 이미지를 사용하는 것이 좋습니다. 대부분 포토샵을 사용하여 미리보기를 작업하지만, 라임파파는 맥북용 Pixelmator 프로그램을 사용합니다.

공룡과 라임이가 대결을 펼칠 것을 암시하는 미리보기

라임파파가 사용하는 Pixelmator 앱

라임파파는 미리보기 이미지를 만들 때 가능하면 글을 사용하지 않고 이미지 자체로 내용을 전달하려 합니다. 특히 스마트폰과 같은 작은 모바일 기기에서는 미리보기 이미지가 작게 보여 글로 내용을 전달하는 데 한계가 있기 때문이죠. 또한 〈라임튜브〉를 시청하는 대부분의 구독자들은 한글이 익숙하지 않은 외국인이 많으므로 글보다는 이미지를 통해 내용을 전달하고 있습니다. 단, 크리에이터의 성향에 따라 글로 미리보기 내용을 전달하기도 합니다. 다시 말해 채널 콘셉트, 크리에이터 성향, 구독자 분포를 보고 미리보기 이미지를 어떻게 구성할지 결정해야 합니다.

〈라임튜브〉 미리보기는 글보다 이미지를 통해 내용을 전달합니다.

QUESTION
16

채널 대시보드와 동영상 메뉴는
어떻게 활용하나요?

채널을 개설하고 정성껏 만든 동영상을 업로드했다면 이제는 채널과 동영상을 관리해야 합니다. 이번에는 채널 대시보드와 동영상 메뉴를 통해 동영상의 기본 정보를 수정하는 방법, 편집과 광고 등을 적절히 활용해 콘텐츠를 최적의 상태로 만드는 방법을 알아보겠습니다.

#채널 대시보드와 #동영상 메뉴 #100% 활용하기

채널 대시보드 알아보기

채널 대시보드는 채널 통계 및 팁을 빠르게 확인할 수 있는 페이지입니다. 내 채널에서 [YOUTUBE 스튜디오]를 클릭하면 [대시보드] 메뉴가 보이는 화면으로 바뀝니다. [대시보드]를 클릭하여 채널 분석에 필요한 전체 요약과 최근 업로드된 동영상의 분석을 체크하고, 유튜브의 주요 뉴스와 댓글을 체크할 수 있습니다.

TIP YOUTUBE 스튜디오는 앞에서 언급한 유튜브 스튜디오와 같습니다.

채널 동영상 탭에서 관리하기

채널 대시보드보다 중요한 메뉴가 [동영상] 메뉴입니다. 유튜브는 동영상을 업로드하는 플랫폼이니 만큼 동영상 관리가 무엇보다 중요합니다. 내 채널 왼쪽의 **[동영상]** 메뉴를 클릭하면 동영상을 관리할 수 있는 채널 동영상 페이지로 이동합니다.

TIP [동영상] 메뉴는 얼마 전까지만 해도 [동영상 관리자] 메뉴였습니다.

채널 동영상 페이지에는 업로드한 모든 동영상이 나타납니다. 실시간 스트리밍, 스토리 영상도 확인할 수 있습니다.

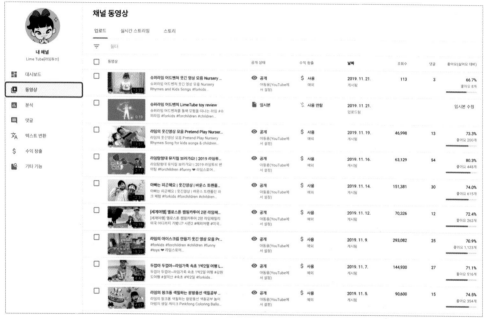

업로드한 영상을 하나씩 확인할 수 있습니다.

업로드한 동영상의 공개 상태와 수익 창출, 날짜, 조회수, 댓글, 좋아요(싫어요 대비) 분포를 확인할 수 있습니다. 동영상을 하나씩 선택해 수정 작업을 진행할 수도 있고 여러 개의 동영상을 함께 선택해 수정할 수도 있습니다.

원하는 동영상을 선택한 후 **세부정보**를 확인하면 업로드할 때 설정한 정보가 나타납니다. 수정이 필요한 부분이 있다면 수정할 수 있습니다.

선택한 동영상의 세부정보를 확인할 수 있습니다.

광고 시점 설정하기

동영상 길이가 10분 이상이라면 광고 시점을 설정하여 여러 개의 광고를 적용할 수 있습니다. **동영상 편집기** 페이지에서 광고를 어느 시점에 삽입할지 정하고 **[저장]**을 클릭하여 적용할 수 있습니다.

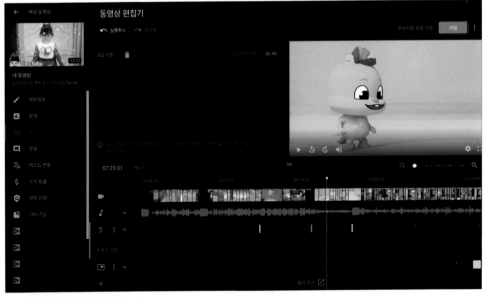

광고 시점을 설정해 적용할 수 있습니다.

동영상 수정하고 재생목록에 추가하기

여러 개의 동영상을 체크하여 선택하면 선택한 영상을 함께 수정하거나 재생목록에 추가할 수 있습니다. 동영상이 선택된 상태에서 상단 옵션에 나타나는 **수정, 재생목록에 추가, 추가 작업**을 클릭하여 수정 작업을 진행합니다.

선택한 동영상을 수정할 수 있습니다.

기본 수정 항목에 있는 메뉴만 사용해도 동영상 설정을 한꺼번에 변경할 수 있습니다. **추가 작업**을 선택해 오프라인 저장, 완전 삭제도 진행할 수 있습니다.

동영상 [수정] 메뉴와 [추가 작업] 메뉴

재생목록 추가하기

동영상을 선택하고 **재생목록에 추가**를 클릭하여 해당 동영상을 기존 재생목록에 추가할 수 있습니다. 만약 어울리는 재생목록이 없다면 **새 재생목록**을 클릭해 새 제목과 공개 상태를 설정하여 새 재생목록을 만들 수 있습니다. 동영상의 유형에 맞춰서 재생목록을 관리하면 됩니다.

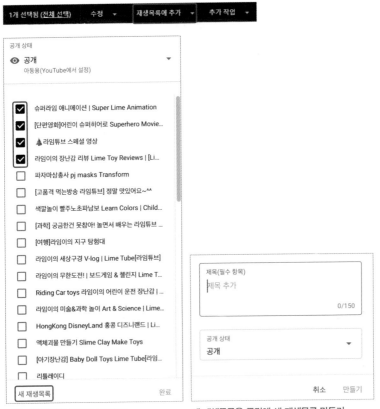

기존 재생목록에 동영상 추가하기   새 재생목록을 클릭해 새 재생목록 만들기

카드 기능 추가하기

동영상을 업로드할 때 카드 기능을 설정할 수 있었습니다. 카드 기능은 동영상 재생 중에 콘텐츠를 홍보할 수 있는 기능으로 동영상 또는 재생목록, 다른 채널을 홍보할 수 있고 설문조사도 추가하여 진행할 수 있습니다. 차후 채널 운영, 홍보, 브랜딩에 매우 중요한 요소입니다. 동영상을 클릭하면 **동영상 세부정보** 화면으로 이동하는데, 이때 오른쪽에 있는 [카드]를 클릭해 카드를 추가할 수 있습니다.

카드 기능은 동영상 재생 시 콘텐츠를 홍보할 수 있는 기능입니다. [카드] 아래에 [최종 화면] 버튼이 있습니다.

선택한 동영상에 카드를 추가하려면 **[카드 추가]**를 클릭해 카드를 만들고 원하는 위치에 배치하면 됩니다. 그러면 동영상이 재생되는 동안 오른쪽 상단에 ⓘ 모양의 아이콘이 표시됩니다. 마우스 포인터를 가져가면 미리 등록한 추천 영상이 보이고 클릭하면 해당 영상으로 이동합니다.

선택한 동영상에 카드를 추가할 수 있습니다.

카드를 클릭하면 미리 등록한 영상이 보입니다.

최종 화면 추가하기

최종 화면은 동영상 끝부분에 다른 동영상이나 채널을 홍보할 수 있는 요소를 삽입하여 더 많은 구독자를 확보할 수 있는 수단입니다. 템플릿을 활용하여 요소를 추가할 수 있으며 현재 업로드하는 동영상 외에 다른 동영상(콘텐츠)이나 재생목록이 있어야만 등록할 수 있습니다.

키즈 콘텐츠는 재생목록을 활용하는 것이 좋습니다. 〈라임튜브〉도 재생목록을 자주 활용하여 구독자에게 비슷한 영상을 추천합니다. 시청자가 해당 동영상을 끝까지 봤을 때 추천 영상이나 재생목록, 채널 구독을 유도할 수 있습니다. 카드 추가와 마찬가지로 동영상을 선택하고 세부정보 화면(211쪽)에서 **[최종 화면]**을 클릭합니다.

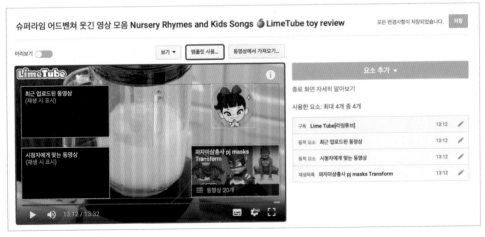

종료 화면에 요소를 추가합니다.

좀 더 쉽게 활용하려면 [템플릿 사용]을 클릭해 최종 화면을 추가합니다. 어떤 방식으로 보이는지 확인한 후 선택하면 됩니다.

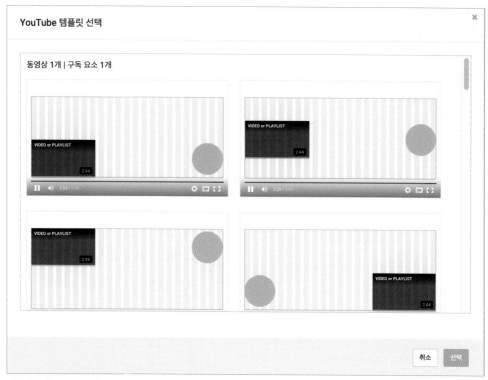

템플릿을 선택하여 적용합니다.

분석 차트 활용하기

마지막으로 동영상을 분석할 수 있는 차트를 활용할 수 있습니다. [분석] 메뉴에서 각 동영상을 분석하거나 채널을 분석할 수 있습니다. 특히 동영상 분석 차트를 통해 업로드한 동영상의 조회수와 예상치를 살펴볼 수 있습니다.

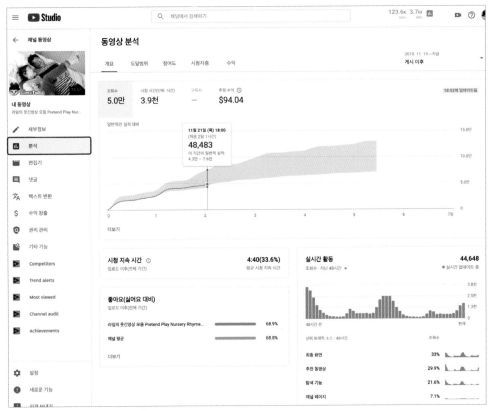

동영상을 분석하여 다양한 데이터를 확인합니다.

댓글 관리하기

키즈 채널을 운영하다보면 따뜻한 댓글도 많지만 아주 가끔 악성 댓글이 달리는 경우도 있습니다. 아이를 키즈 크리에이터로 키우고 키즈 채널을 운영해야 하는 부모 입장에서는 매우 마음 아픈 일인데요. 라임파파도 처음 악성 댓글을 받았을 때 아빠로서 정말 가슴이 아팠답니다.

이미 키즈 채널을 운영하고 있다면 이러한 상황을 많이 겪었을 겁니다. 어떤 부모님은 댓글에 답글을 달며 초등학생과 언쟁하기도 하고 아예 댓글을 막아두기도 합니다. 라임파파도 그 마음을 십분 이해합니다. 특히 요즘 들어 키즈 크리에이터에 대한 부정적인 시선이 늘어남에 따라 아이를 향한 도 넘은 발언도 종종 눈에 띕니다. 하지만 세상에는 나를 좋아하는 사람도 있지만 그렇지 않은 사람도 분명 있다는 것을 인정해야 합니다. 속상하고 화나지만 어쩔 수 없는 일이지요.

라임파파는 〈라임튜브〉를 운영하면서 아래와 같이 욕하는 계정은 미리 차단해두었습니다. 특히 차단하고 싶은 단어를 미리 등록하여 필터 기능이 작동되게 했습니다. 이미 나쁜 댓글을 단 계정과 욕과 관련된 단어가 차단되도록 등록해두면 필터로 걸러집니다. 자주 채널 댓글을 확인하여 나쁜 댓글은 미리 관리하는 것이 좋습니다.

[유튜브 스튜디오]-[설정]-[커뮤니티] 메뉴에서 [차단된 단어]를 설정할 수 있습니다.

유튜브 가이드라인에 따라 2020년 1월부터 아동용 콘텐츠는 매우 엄격하게 보호됩니다.

이제 키즈 채널과 키즈 콘텐츠에서는 댓글 기능을 사용할 수 없습니다.
개인 광고, 채널 워터마크 브랜딩, 알림 종 등도 사용할 수 없습니다.

라임파파's TALK 〈라임튜브〉를 시작할 때부터 라임 가족은 구독자들과 꾸준히 소통을 해왔는데요. 제일 간단한 방법이 댓글에 답글을 달거나 '좋아요'를 클릭해 하트를 달아주는 것입니다. 하루 중 일정한 시간을 정해 선한 댓글에 피드백을 꾸준히 하고 댓글에 '좋아요'를 클릭해주면 영상이 궁금해서 들어왔던 사람을 애청자로 만들 수도 있습니다. 기회가 된다면 팬미팅 등을 진행하는 것도 좋은 방법입니다. 구독자들을 만나고 소통하면 가족이 자긍심을 얻을 수 있습니다.

QUESTION
17

채널을 홍보해야 수익을 얻을 수 있나요?

채널에 동영상을 꾸준히 업로드해도 찾아주는 사람이 없다면 구독자들과 즐거운 유튜브 라이프를 즐길 수 없습니다. 그래서 홍보도 중요합니다. 이번에는 채널을 홍보하고 알릴 수 있는 방법을 알아보겠습니다. 광고 수익에 대해 많은 분들이 궁금해하는 내용도 함께 살펴보겠습니다.

#아무리 보기 좋게 꾸며도 #홍보가 부족하면 #아무도 찾지 않습니다 #적극적으로 #홍보하기

적극적으로 채널 홍보하기

채널을 알리는 가장 기본적인 방법은 아이와 만든 키즈 콘텐츠를 타깃 구독자가 보고 싶게 만들어 업로드하는 것입니다. 하지만 최근 다양한 크리에이터와 채널이 생겨나고 있어 홍보를 하지 않을 수 없는 상황이 되었습니다.

채널을 홍보하려면 가장 중요한 '노출 빈도수'를 올려야 합니다. 이를 여러 각도에서 생각해 볼 수 있는데요. 소극적으로는 가족이나 지인에게 채널 구독을 요청하고, 관련 정보를 공유하는 카페나 오픈톡에서 다른 채널과 서로 맞구독하는 방법이 있을 수 있습니다. 한편으로는 각종 SNS를 활용하여 적극적으로 노출하는 방법이 있습니다. 이때에는 블로그나 유튜브 외에도 다른 SNS 플랫폼을 활용하여 노출하는 것이 중요합니다.

요즘은 유튜브처럼 SNS에 동영상 공유 기능을 탑재한 플랫폼이 많습니다. 인스타그램, 페이스북, 트위치, 틱톡 등 여러 가지가 있고, 사람들은 저마다 선호하는 SNS에 들어가 관심 영상을 즐깁니다. 따라서 영상을 만들면 이를 유튜브에만 업로드하지 말고 다양한 플랫폼에 업로드하길 추천합니다. 이렇게 다양한 플랫폼에 동영상을 업로드하면 거미줄을 치듯 좀 더 넓게, 좀 더 멀리 내 영상이 노출되므로 홍보에 많은 도움이 됩니다. SNS에 링크를 붙여 유튜브 구독자를 유치하는 것도 좋은 방법입니다. 물론 사람들이 관심 있어 하는 주제로 영상을 만드는 것이 가장 빠르게 성장하는 방법이기도 합니다. 아무리 많은 곳에 스프레드 방식으로 영상을 뿌린다 해도 시청자들의 니즈를 만족시키지 못하면 파급 효과는 미비할 뿐입니다. 그러므로 콘텐츠를 재미있게 잘 만드는 게 가장 중요합니다.

키즈 콘텐츠로 광고 수익을 얻을 수 없나요?

어느 유명한 키즈 크리에이터 가족이 수억 원을 벌었다는 뉴스에 다들 깜짝 놀라기도 했습니다. 사람들은 어린아이가 만드는 콘텐츠가 얼마나 좋길래 그렇게 큰돈을 버는지 궁금해했고, 키즈 크리에이터를 차가운 시선으로 바라보기도 했습니다. 아이를 돈벌이 수단으로 여긴다고 판단하는 거죠.

라임파파는 사실 집에서 일하며 돈을 벌기 위해 유튜브를 시작했습니다. 앞서 이야기했지만 라임맘의 건강이 좋지 않았기 때문에 집에서 할 수 있는 일, 그리고 돈을 벌 수 있는 일을 찾다가 라임파파 혼자 유튜브에 동영상을 업로드하며 시작한 일입니다.

장난감 리뷰 콘텐츠를 만든다면 장난감 구입비가 필요합니다. 처음에 소소하게 시작해도 콘텐츠 소재에 따라 비용이 들어가므로 운영 자금이 없다면 좋은 콘텐츠를 만들 수도 없겠죠. 따라서 유튜브의 광고 수익이 필요해지는 시기가 올 것입니다.

유튜브 시작 초기에는 채널 운영 자금이 필요합니다.

이제 키즈 채널 중 영유아 대상의 채널은 2020년 1월부터 타깃 광고가 붙지 않습니다.

유튜브 가이드라인에 따라 타깃 광고가 붙지 않게 되면 당연히 광고 수익이 줄어들 겁니다. 하지만 타깃 광고 이외의 광고는 없어지지 않으므로 수익이 0은 아닙니다.

그런데 생각해보세요. 유튜브를 왜 시작하려고 하나요? 아이가 키즈 크리에이터가 되고 싶다고 해서, 아이와 함께하는 즐거운 시간을 영상으로 남기고 좋은 사람들과 공유하기 위해 유튜브를 시작했을 겁니다. 누군가 큰돈을 번다고 하니 '나도 아이를 데리고 돈 벌어봐야지!'라고 생각한 사람은 없을 겁니다.

그래도 수익을 원한다면?

유튜브에서 수익을 창출하려면 구독자 1천 명, 시청 시간 4천 시간을 채워야 합니다. 꾸준히 영상을 업로드하여 팬과 소통하고 시청 시간을 확보해야 하지요. 그야말로 천천히, 그리고 차근차근 노력해야만 이룰 수 있는 성과입니다. 2020년 1월부터는 키즈 콘텐츠에 타깃 광고가 붙지 않음으로 예전보다는 수익이 현저히 낮아질 것입니다. 아이와 키즈 콘텐츠를 만들 때는 큰 수익을 기대하기보다 아이와 함께 경험하고 추억을 만드는 것을 우선으로 생각하세요. 그래도 유튜브 라이프를 즐기며 수익을 원한다면 방법은 있습니다.

어린이 타깃의 콘텐츠가 아닌 만 14세 이상이 좋아하는 주제의 콘텐츠를 만드세요.

〈라임튜브〉의 콘텐츠를 연도별로 들여다보면 아이가 성장함에 따라 소재가 바뀌는 것을 확인할 수 있습니다. 장난감 놀이 콘텐츠로 시작해서 어린이 놀이터, 과학관 등으로 체험 콘텐츠를 바꾸어 제작하였습니다. 또 라임이가 초등학생이 되면서 상상 놀이 단편 영상과 해외여행 등으로 바뀌어갔습니다. 라임이가 성장하는 만큼 〈라임튜브〉 콘텐츠도 성장했습니다. 앞으로는 라임파파&라임맘과 함께 보는 정보형 콘텐츠로 변화할 것입니다.

유튜브는 2020년 1월부터 만 14세 미만의 미성년 구독자를 대상으로 한 콘텐츠 제작자(채널)에게 타깃 광고를 제한하는 정책을 적용합니다. 이러한 변화에 맞추어 〈라임튜브〉도 영유아나 초등학교 저학년이 좋아하는 장르와 더불어 부모와 함께 보는 가족형 콘텐츠로 변화를 모색하려고 합니다. 여행 콘텐츠가 가족형 콘텐츠에 해당하지요.

아빠는 피곤해요 | 웃긴영상 | 바운스 아빠는 피곤해요 | 웃긴영상 | 바운스 트램 폴린 파크 체험 #forkids #forchildren...	👁 공개	$ 예외	아동용으로 설정
[세계여행] 옐로스톤 캠핑카투어 2편 ... [세계여행] 옐로스톤 캠핑카투어 2편 라임 패밀리 미국 어디까지 가봤니? 시즌2 #...	👁 공개	$ 사용	없음
라임의 아이스크림 만들기 웃긴 영상 ... #forkids #forchildren #children #funny #toys ♥ 라임스토어...	👁 공개	$ 예외	아동용으로 설정
두껍아 두껍아~라임가족 속초 1박2일... 두껍아 두껍아~라임가족 속초 1박2일 여 행 #강원도여행 #설악산 #속초 #박2일...	👁 공개	$ 사용	없음

아동용 콘텐츠로 분류되지 않는 영상

앞으로 〈라임튜브〉는 바뀌는 정책에 맞추어 가족이 함께 체험, 여행하는

가족형 정보 콘텐츠를 만들고자 합니다. 기대해주세요.

LIME
GALLERY

▲ 팬들에게 사인을 해주는 라임이

▲ 산에 오르며 촬영한 영상을 살펴보는 라임파파&라임이

▲ 산에 올라와 기분이 좋은 라임이

LIME
GALLERY

▲ 브라이스캐년의 일출을 바라보는 라임이

▲ 라임이는 다양한 인터뷰도 진행했습니다.

▲ 멋진 포즈를 취하는 라임이

▲ 라임이가 부쩍 컸습니다.

▲ 맑은 하늘 아래에서 라임파파&라임이

▲ 안전한 트렁크에서 파랑이와 라임이

LIME
GALLERY

▲ 라임맘과 라임파파 모두 촬영감독이 됩니다.

▲ 라임맘은 인형 놀이도 재미있게 진행합니다.

▲ 2019년에 진행한 〈라임튜브〉 팬미팅

▲ 영상을 리뷰하는 라임맘&라임이

▲ 라임이가 아이패드로 낱말게임을 합니다.

▲ 2019년에 진행한 〈라임튜브〉 상영회

▲ 레이싱카 정비공이 된 라임이

찾아보기